초등 수학은 사고력이다

초등 수학은 사고력이다

초판 1쇄 인쇄 2023년 2월 15일
초판 1쇄 발행 2023년 2월 22일

지은이 장연희

발행인 장상진
발행처 (주)경향비피
등록번호 제2012-000228호
등록일자 2012년 7월 2일

주소 서울시 영등포구 양평동 2가 37-1번지 동아프라임밸리 507-508호
전화 1644-5613 | **팩스** 02) 304-5613

ⓒ 장연희

ISBN 978-89-6952-534-5 03370

껍데기 사고력이 아닌 알맹이 사고력을 키워라!

초등 수학은 사고력이다

수학마더 장연희 지음

경향BP

사고력이 되면
수학을 못하고 싶어도 못할 수 없다

나는 수포자였다. 초등학교 4, 5학년 때부터 학교 다니는 내내 수학에 대한 트라우마를 안고 살다가 대학 입시가 끝나면서 자연히 수학 공포에서 벗어났다. 그런데 교사가 되어 수학 수업을 진행하면서 우리 반 아이들에게도 내가 느꼈던 어두운 수포자의 그림자가 어른거리는 것을 느끼게 되었다.

동병상련의 마음으로 아이들을 지도하는 과정에서 그것은 문과형의 문제도 아니고, 우뇌형 인간의 문제도 아니고, 오로지 사고력의 문제로서 진정한 사고 능력만 길러 주면 누구나 자기 능력껏 수학을 잘할 수 있다는 확신을 갖게 되었다. 수포자였던 나의 과거는 수학을 어려워하는 아이들과 정서적 유대감을 갖는 계기가 되었고, 그 바탕 위에서 아이들을 지도한 경험은 사고력 수업의 방법을 연구하는 동력이 되었다.

수학 사고력을 기르려면 해야 하는 겉보기에 수학 같지도 않은 활동이 많은데, '과연 그렇게 해서 잘할 수 있을까?' 하는 학부모님들과 아이들의 현실적인 우려를 없애기는 쉽지 않았다. 게다가 아이들이 지력을 키우는 동안에는 진도에 상관없이 일정 기간 강도 높은 공부 양을 감내해도 효과가 금방 나타나지 않아, 믿고 기다리며 참는 시간이 족히 몇 년은 걸렸다.

그러나 아이들은 일단 자기 사고력이 장착되기 시작하자 문제를 풀다가 상황이 막히면 돌아가고, 걸리면 뛰어넘었으며, 그래도 모르면 온갖 정보와 능력을 동원하여 끈질기게 해결하려고 했다. 게다가 소위 수학머리 있다는 아이들은 변화의 속도며, 폭이며, 응용력의 가속도가 상상 이상이었다.

아이들은 두매쓰를 떠난 이후에도 유수의 고등학교나 대학교에 합격했다는 소식을 알려 주기 시작했다. 그것은 초등 저학년 때 사고력을 지도한 효과를 인정하는 상과 같았다. 그렇게 될 거라고 믿고 사고력 수업을 했지만, 막상 아이들이 바뀌기 시작하니 어떻게 하면 사고력이 길러지는지에 대해 연구하는 일이 더 즐겁고 재미있어졌다.

그런 스토리 위에 쓰인 이 책이 오로지 초등 수학의 사고력에 초점이 맞춰진 것은 당연한 일이다. 극적인 방법은 아니어도 이렇게도 해 보고 저렇게도 해 보아 아이들의 반응이 좋았던 것들을 기록하고자 했다. 계통이나 단계보다는 현장의 실용성에 중점을 두었다.

이 책에서는 그동안 사고력 수학의 중요성을 강조하며 교육 현장에서 아이들을 가르치면서 알게 된 내용들을 다음 4가지로 정리했다.

첫째, 사고력이 무엇인가?
둘째, 사고력 수학은 어떻게 아이들을 변화시키는가?
셋째, 연산과 사고력은 어떤 관계가 있는가?
넷째, 효과적인 사고력 수업 방법은 무엇인가?

이 책은 나에게 수학 교육의 이론적 토대를 마련해 주신 이광복 교수님과 늘 함께한 정지연 선생님께 감사드리는 통로이다. 그 많은 명품 교육 프로그램을 다 제치고(?) '수학은 오직 사고력'이라는 주장 하나 믿고 길게는 10년, 짧아도 5~6년을 인내하며 따라 준 우리 학생들과 학부모님들께도 감사의 말씀을 드리고 싶다. 함께하는 시간이 늘 부족한데도 불평 없이 묵묵히 나를 응원해 주는 우리 가족들, 그리고 사고의 최전선이 두매쓰임을 믿고 물심양면으로 지원하고 발전을 바라는 지지자분들께도 감사의 말씀을 드린다.

수학마더 장연희

7

contents

3장 껍데기 사고력은 가라

4장 초등 수학, 이것만은 유의하자

초등 수학, 이것만은 알고 가자

초등 수학 실전 정복

7장 수학을 힘들어하는 우리 아이 어쩌지요?

부록

1장

수학,
내 아이만 힘들어하나?

01

내 아이의 현주소는 어디인가?

사고력이 부실한 학생들의 현상

초등 저학년 부실한 수학 개념이 형성되더라도 문제해결에는 큰 지장이 없어 보임

초등 고학년 수학을 점점 어려워하거나 싫어하고 응용문제를 잘 해결하지 못함

중학교 부모나 본인의 노력에 관계없이 성적이 잘 오르지 않음

고등학교 수학을 포기하거나 끝없는 보충, 과외, 학원 전전

나름 공부한다고 해도 현실은 이렇다. 무엇이 문제일까? 옆의 표는 현장에서 만난 대부분의 아이 상태이다. 당신의 아이는 어디에 속하는 것 같나? 누구나 우리 아이만은 이런 덫에 걸리지 않고 잘하기를 바랄 뿐 구체적인 방법을 모른다. '그저 열심히 하면 되지 않을까?' 하는 기대와 '그런다고 될까?' 하는 우려를 동시에 갖고 있다.

놀이 수학까지는 재미있게 했는데 실력으로 연결이 안 되는 아이도 있고, 선진도를 쭉쭉 뺐는데 수학을 재미있어 하기는커녕 싫어하게 된 아이도 있고, 많이 풀어서 실력은 있는데 자신감이 없는 아이도 있다. 특히 아이 본인도 욕심이 있어서 시키는 대로 곧잘 한 경우도 자신감이 부족했다.

저학년 때 제법 하던 아이일수록 부모의 기대가 커서 아이의 능력과는 상관없이 최상위 문제만을 고집하는 난감한 경우도 심심치 않게 있다. 최상위 문제를 풀 수 있는 능력이 중요한 것이지, 풀고 있다는 사실이 중요한 것이 아닌데도 풀고만 있으면 바로 그것이 능력인 줄 믿고 싶은 모양이다.

그런데 가장 난감한 학년은 올해 4학년 아이들이다. 코로나로 입학식도 제대로 하지 못하고 정상적인 학교생활을 못한 때문인지 학력편차가 다른 학년보다 아주 심하다. 학습에 대한 집중력도 떨어지고, 온라인 수업으로 태블릿 학습에 많이 노출되어서 그런지 뭔가를 아는 것 같기는 한데 정확하게 알지는 못하는 상태이다.

아이들의 수학 교육과 관련한 부모들의 고민은 유·초등 저학년 때부터 시작된다. 초등학교 저학년 학부모를 상대로 한 설문에서 나타난 일반적인 견해를 간추려 보니 주로 다음과 같았다.

- 초등 수학은 내용이 쉬우니 급하게 생각할 필요는 없지 않을까?
- 1, 2학년 수학이 뭐 있나? 어차피 연산이 다 아닌가?
- 저학년 때는 더하기, 빼기나 하다가 좀 어려워지면 그때 학원이나 좋은 교재로 시작하면 되겠지.
- 우선 가볍게 내가 집에서 봐 주거나 학습지로 시작해 보자.
- 진짜 사고력 수학은 뭘까? 언제 하는 게 좋을까?
- 연산, 사고력, 교과 수학을 어떻게 안배해야 효과적일까?
- 어려운 문제를 끙끙거리며 푸는 것이 사고력 수학 아닌가?
- 적당한 선행은 어느 정도일까?
- 경시 준비는 어떻게 해야 할까?
- 우리 아이는 수학머리가 있을까?
- 나는 수포자였더라도 내 아이만큼은 그렇게 되지 않으면 좋겠는데 방법이 없을까?
- 어릴 때부터 수학 학원을 보내는 게 너무 가혹하지 않을까?
- 수학 문장을 이해하지 못하는 걸 보니 독해력이 부족해 보이네. 국어학원에 보내야 하나?
- 지금 예체능을 안 하면 나중에는 할 시간이 없으니 일단 수학은

좀 있다가 해야겠다.

이러한 부모들의 궁금증, 기대, 소망, 불안에 대하여 오랫동안 수학 교육을 하며 경험한 내용을 토대로 하나씩 이야기해 보겠다.

수학을 싫어하는
아이들의 조짐들

　일반적으로는 앞에서 제기한 의문들을 제대로 해결하지 못한 채 문제만 많이 푸는 것이 수학 공부라고 여긴다. 그 결과 아이들은 수학 학원에 가기 전날부터 내일이 오지 않으면 좋겠다고 한다.

　"도대체 수학이란 과목을 누가 만들었느냐?"

　"왜 수학을 공부해야 하느냐?"

　이런 말을 하며 수학으로부터 도망치고 싶은 아이들로 자란다. 그러나 진짜 도망을 가지는 않는다. 아니다. 도망을 가지 못한다. 이런 아이들은 다음과 같은 증상을 보인다.

- 간단한 연산은 어렵지 않게 하는데 두 자리만 나와도 어려워한다.
- 구구단도 다 외워서 웬만한 연산은 하는데 문장으로 된 문제는 못 푼다.
- 문제를 읽고 구조를 이해하더라도 식을 못 세운다.
- 선진도를 나갔지만 정작 본인은 자신이 없다. 그렇다고 성적이 나쁘지도 않다.
- 틀린 문제를 다시 풀어 보라고 하면 하라는 대로 했는데 뭐가 문제인지 모른다.

수학을 싫어하는 많은 아이가 공통으로 겪는 현상들이다. 사실 초등 저학년에는 딱히 수학 개념이 제대로 형성되지 않더라도 큰 무리 없이 문제를 해결할 수 있다. 하지만 3, 4학년만 되어도 수학이 갑자기 어렵게 느껴지고 흥미를 잃어버리게 된다. 그제야 과외나 수학 학원을 알아보러 나선다.

그런데 그때는 벌써 자율적 사고 능력 대신 배운 대로만 잘할 수 있는 아이로 굳어져 있어 무조건 많이 풀어야 겨우 따라가는 상태가 된다. 도리 없이 학습량이 많은 학원에서 숙제에 치이고, 흔들리는 개념은 양으로 뚫어야 하는 처지가 된다.

그러다가 고학년이 되면 아무리 노를 저어도 거꾸로 흐르는 물살을 만나 앞으로 나아갈 수 없는 상황에 맞닥뜨리게 된다. 눈에 띄게 학력이 저하되고 빠르면 4학년 말, 5학년 초에 수학을 포기하게 되는 것이다. 이를 사자성어 운율에 맞추어 '사말오초' 현상이라고 한다.

그럼에도 불구하고 초등학교 때는 부모의 헌신적인 뒷받침과 본인의 필사적인 노력 덕분에 단원평가 평균 80점 이상이 나오는 아이도 중학교에 올라가면 쉽게 성적이 오르지 않는다.

왜 이런 증상이 반복되는 것일까? 한마디로 말하자면 아이들의 수학적 사고를 활성화시키지 못한 채 문제만 풀게 하기 때문이다. 근본적인 문제를 해결하지 않는다면 타고난 지능에 따라 한계를 느끼는 시기가 다를 뿐 언제든 수학은 아이의 발목을 잡는 복병이 될 수 있다.

상담을 해 보면 엄마들이 수포자였던 경우가 많다. 그런 엄마일수록 수학 걱정을 많이 하지만 제대로 된 솔루션 없이 일찍부터 연산지를 풀게 하는 우를 범한다. 이렇게 수학으로 고통 받는 아이들과 애태우는 부모들을 위해 수학의 근본적인 어려움은 어디에 있는지, 그것을 극복하는 방법은 무엇인지 생각해 보자.

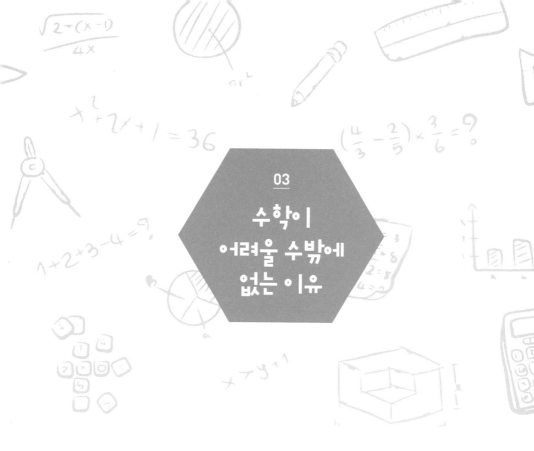

수학이
어려울 수밖에
없는 이유

보이는 것이 알기 쉬운가, 안 보이는 것이 알기 쉬운가?

두말할 것도 없이 보이는 것이 알기 쉽다.

무슨 소리인지 듣자마자 머릿속에 상상이 되는 게 쉬운가, 상상이 안 되는 게 쉬운가?

당연히 상상이 되는 게 쉽다.

상상이 안 되는 것을 무슨 수로 알겠는가? 그러니 안 보이면 어렵고, 상상이 안 되면 어려운 법이다.

다음을 보자.

- 노래 가사로 된 문장 : 태극기가 바람에 펄럭입니다.
- 수학적 식으로 된 문장 : 5 + 2 = 7

　태극기에 바람이 더해지니 펄럭이게 된다는 말이나 5에 2가 더해지니 7이 된다는 말은 문장 구조가 같다. 태극기와 바람은 듣는 순간 바람 때문에 태극기가 펄럭이는 상황이 머릿속에 바로 그려지므로 이해하기가 쉽다. 그러나 수식은 어렵다. 왜냐하면 쉽게 그려지지 않기 때문이다. 만약 아이들이 숫자를 보는 순간 숫자에 해당하는 사물이 떠오르고 그 사물들이 더해지는 그림이 그려진다면 수학은 쉬워진다. 이것이 바로 초등 아이들이 길러야 할 사고력이다. 기호와 수식을 보고 구체적인 상황을 생각해 낼 수 있고, 생활에서 일어나는 다양한 상황을 기호화하고 수식화할 수 있다면 수학은 의외로 간단해진다. 우리는 이를 사고력 수학이라고 한다. 이것을 설명하면 다음과 같다.

: 그림으로 비유하기

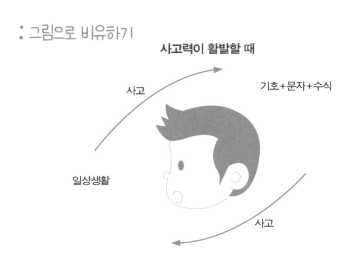

사고력이 활발할 때

사고
기호+문자+수식
일상생활
사고

태극기가		바람에		펄럭입니다
↕		↕		↕
5	+	2	=	7

초등 수학을 지도할 때 이런 순환이 자유자재로 일어나게 해야 하는데 잘못 지도하면 아무리 지능이 높은 아이라도 고난도 문제에서는 막히게 된다. 그것은 지능의 문제도 아니고 학습량의 문제도 아니다. 방법의 문제일 뿐이다. 본격적으로 막히는 것이 눈에 띄는 것은 중학교 때부터지만 실제로는 그 전부터 조짐이 보이기 시작한다. 그래서 시기적으로 초등 수학이 중요한 것이다.

그러나 초등 수학은 시기의 중요성에 비해 내용 자체는 어렵지 않아 누구나 가르칠 수 있다고 생각한다. 하지만 어떤 문제를 풀 수 있다고 곧 가르칠 수 있는 것은 절대 아니다. 더구나 초등학생에게 맞는 언어로 그들의 심리적 발달에 맞게 가르치는 일은 생각보다 쉽지 않다. 초등 수학은 어른에게나 내용이 쉽지 아이들에게는 그렇지 않다.

많은 사람에게 낭만의 대명사인 거대한 철 구조물 에펠탑에서 가장 중요한 부분은 어디일까? 맨 아래에 있는 4개의 철각 기단일 것이다. 에펠탑이 날아오르듯 치솟아 그렇게 멋지게 존재할 수 있는 것도 튼튼한 4개 기단의 힘에 있는 것처럼 초등 수학은 전 학년의 수학을 떠받치는 기초 단계에 속한다. 아직 탑 모양도 보이지 않고 전망대도 없으나 그곳에서부터 에펠탑이 시작되는 것처럼 수학 교육이 초등 수학에서 시작한다는 것은 너무도 당연한 이야기다.

그렇다면 기초 수학 내용을 다 이해하면 초등 수학은 완성인가? 그렇지 않다. 초등 수학의 목적은 학년별 내용 이해에 있는 게 아니라 거기에 도달하기까지의 과정을 통하여 사고 능력 기르기에 있어야 한다. 초등 수학 내용은 다만 사고력을 키우는 데 동원되는 재료일 뿐 그 자체가 목표가 되어서는 안 된다. 물론 유치원 때부터 사고 중심이어야 하지만 독립된 수학 과목으로서의 시작이라 초등을 기점으로 잡았다.

에펠탑

수학 울렁증의
대물림을 막자

　엄마 자신이 수포자였던 경우 아이의 수학 공부에 특히 관심도 많고 걱정도 많다. 안타깝게도 이들이 아이가 수포자가 되지 않게 예방하고자 찾은 나름의 방법은 연산지를 일찍부터 시키는 것이다. 그런데 이는 오히려 아이가 수학을 부담스러워하게 되는 부작용을 낳는다.

　반대로 엄마가 수학에 어느 정도 자신이 있는 경우에는 쉬운 문제는 빼고 어려운 문제만 골라 풀리기도 한다. 그러면 훨씬 경제적이고 효과적이라는 판단에서일 것이다. 하지만 마치 벼가 뿌리를 내리기도 전에 빨리 자라라고 뽑으면 결국 빨리 자라기는커녕 농사를 망치게 되는 것처럼 오히려 아이에게는 독이 되는 행동이 된다.

그러면 아이에게 어떻게 하면 수학을 제대로 잘 가르칠 수 있을까?

먼저 연산을 바라보는 관점부터 바꿔야 한다. 얼음과 불을 과학실 험이라고만 보면 안 된다. 얼음에 열이 더해지면 물이 되고, 물에 열을 가하면 수증기가 된다. 온도계의 눈금이 오르락내리락 하는 것을 더하기와 빼기로 볼 줄 알아야 연산에 대한 새로운 시각이 생긴다.

신발에 바퀴를 더해서 인라인스케이트를 만드는 것은 더하기 연산이고, 인라인스케이트를 분해하여 신발을 만들면 빼기 연산이다. 이렇게 우리 주변에 존재하는 많은 것이 연산과 다 관계가 있다는 것을 아는 순간부터 수학은 창의적인 사고의 도구로 탄생한다.

2장

사고력의
정체를 밝혀라

01
사고력,
도대체 무엇일까?

: 이것은 점인가? 선인가?

· ·

하나하나를 보면 분명히 점인데, 이것을 일정하게 늘어놓으면 우리는 선으로 인식하게 된다. 왜 그럴까? 눈이 선으로 결정한 것이 아니라 눈을 통해 들어온 점들을 사고가 선이라고 느끼게 하는 것이다. '선은 아니지만 그만하면 선이라고 간주할 수 있다.'는 사고가 작동하는 것이다.

이렇게 사고는 거의 무의식적으로 일어나기 때문에 사람들은 자기가 사고하는 줄도 모르고 있을 때가 많다. 사고는 일단 어떤 정보가 들어오기만 하면 곧 작동한다. 그러고는 자기가 이미 알고 있는 여러 정보를 동원하여 새로운 정보와 비교, 분석, 종합하여 또 다른 사실을 알아내거나 창조한다. 이것이 사고의 본질이다.

: 이것은 평면인가? 입체인가?

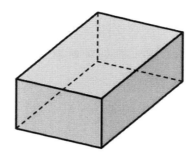

종이 위에 그려진 것이라 분명히 평면이지만 우리는 이것을 입체로 인식한다. 앞서 나왔던 점의 경우와 마찬가지로 평면에 그려진 선들의 구성만 보고도 사고는 그것을 입체로 인식하는 것이다. 만약 사고하는 힘이 없다면 평면에 그려진 겨냥도를 보고 어떻게 그것을 직육면체로 상상할 수 있겠는가.

이런 간단한 예 외에도 수학에는 사고를 일으키는 요소가 너무나 많다. 그래서 초등 3, 4학년부터는 어떤 도형을 밀거나 돌리거나 뒤

집었을 때의 모양을 상상할 수 있는 능력 기르기부터 시작하여 선대칭, 점대칭을 지나 넓이와 부피로 확장되고, 나중에는 도면만 보고도 머릿속에 건축물을 상상할 수 있게 된다. 이렇듯 사고력, 상상력으로 말하자면 도형 지도만 한 것도 없다.

: 이 그림을 보면 어떤 생각이 드는가?

여기 주황색 구슬 3개와 검정색 구슬 3개가 있다.

● ● ● ● ● ●

이것을 보고 당신은 아무런 생각을 하지 않을 수 있는가? 불가능할 것이다. 그렇다면 당신 머릿속에 떠오르는 생각을 가만히 들여다보라. 무엇이 떠오르는가?

당신 자신도 모르게 '앞으로 또 주황색 구슬 3개, 검정색 구슬 3개가 반복되겠네.'라고 생각할 수도 있고, 아니면 '뒤이어 흰색 구슬 3개가 나오지 않을까?'라고 예상할 수도 있다. 어쨌든 아무 생각도 하지 않을 수는 없을 것이다.

그러나 사실은 아무도 모른다. 다음에 무엇이 나올지, 아예 아무것도 안 나오고 끝날 수도 있다. 그렇더라도 우리는 사고를 멈출 수 없다. 또 사고는 비용도 발생하지 않고 남에게 피해를 주지도 않는다.

어쨌든 인간은 오감을 통해 정보가 들어오면 사고를 멈출 수 없다.

정보가 들어오는데 아무것도 생각하지 않기는 무척 어렵다. 아니 불가능한 이야기다. 이토록 본능적으로 일어나는 사고를 수학 공부에 이용할 수 있다. 따로 노력하지 않아도 저절로 일어나는 사고 능력에 수학 내용을 연결하는 것이다.

어릴수록 더 활발하다는 사고력에 쉬운 내용부터 제공하면 아이들은 저절로 수학을 잘하고 좋아하게 된다는 가정이 너무 현실감 없어 보이는가? 절대로 그렇지 않다. 맥락 없는 반복 연습만 피해도 충분히 수학을 잘하게 할 수 있다.

⦂ 어떤 단어나 그림을 보면 무엇이 떠오르는가?

사과와 배

'사과'와 '배'란 단어나 그림을 보면 무엇이 떠오르는가? 이 사진을 보는 순간 머리에 무엇이 떠오르는가? '과일을 말하려나? 그렇다면 수박과 참외도 포함되겠는걸.' 등의 생각이 바로 나지 않는가? 단어나 그림을 보는 순간 그와 관련된 모든 사고가 움직이기 시작한다. 이런 현상은 노력한다고 되는 것도 아니고 심지어 못하게 하기는 더 어렵다. 사고 본능을 어찌하겠는가?

이런 현상은 어릴수록 강력하다. 그래서 조기교육이 잘못되면 아니함만 못한 것이다. 반대로 어렸을 때 사고를 잘 발달시키는 일은 더없이 중요하다. 지금 당신 아이에게 시키고 있는 수학은 진도만 나가고 있는 것인가, 사고를 일으키는 것인가? 구별이 어렵다면 사고에 대해 아직 확신이 없는 것이다.

사고 중심 공부는 적어도 초등 3, 4학년까지는 충분히, 늘, 넘치도록 해야 한다. 그러나 반드시 사고가 혼란스럽지 않게 순차적이어야 한다. 초등 3, 4학년까지는 진도에 연연할 필요가 없다. 걸을 수 있는 아이가 일부러 기어서 가지 않는 것처럼 사고 중심으로 공부한 아이는 나중에 진도가 저절로 나갈 수밖에 없다.

운전이 능숙해지면 차선을 바꾸고 방어운전도 하고 추월도 할 수 있는 것처럼 기초가 탄탄하면 진도는 알아서 나가게 된다. 반대로 기초가 탄탄해지기도 전에 계속 진도를 나가는 아이는 미숙한 운전 실력으로 먼 길을 가는 것과 같다.

한 5학년 아이가 했던 말이 오래도록 기억에 남아 있다.

"선생님, 저는요. 수학을 아주 못하지는 않는데 왠지 당당하지가 않아요."

수학을 자기 논리 없이, 게다가 자기 학년보다 더 높은 개념을 어렵게 공부한 아이였다. 열심히 공부하는데 당당하지 못한 마음을 갖게 된 아이의 부모는 이런 부작용을 알고 있었을까?

02
사고력은
지독한 본능이다

『이솝우화』「양치기 소년」이야기에서 왜 마을 사람들은 양치기 소년을 믿지 않았을까? 앞서 두 번이나 속고 얻은 사고 때문일 것이다. 실제로 나타난 늑대를 거짓이라고 단정한 것은 사고의 힘이 아니고서는 무엇으로 설명할 수 있겠는가?

사람들이 짝퉁에 속는 것도 사고가 작용하기 때문이다. 진짜와 비슷할 뿐인데 진짜일 것이라고 여겨서 그렇다. 이런 경우도 있다. 평소 부자들이 좋은 옷을 입는 것을 본 사람이 옷을 잘 입은 사람에게 사기를 당한다. '저 사람은 부자이니 돈을 빌려 주어도 괜찮겠지.'라는 생각을 자기도 모르게 한 것이다.

이처럼 사고는 일부러 애쓰지 않아도 자동으로 일어난다. 우리의 의지와 관계없는 철저한 본능에서 시작한다. 사랑하는 사람을 못 잊는 것도, 자라 보고 놀란 가슴 솥뚜껑 보고 놀라는 것도 모두 사고 때문이다. 눈으로는 솥뚜껑을 보았는데 머리에는 자라가 연상되는 현상은 의지인가, 본능적 사고인가?

'천릿길도 한 걸음부터'라는 말을 듣는 순간 길을 가고 싶어지는 게 아니라 '아하! 무엇이든 처음부터 시작하라는 뜻이구나.'라고 알아듣는 이유도 다 사고를 통해서 이해하기 때문이다.

그렇다면 우리는 사고력 수업의 소재를 무한 확대할 필요가 있다. 속담, 언어, 소리, 그림도 모두 훌륭한 사고력 수업의 소재이다. 특히 어릴 때 이런 수업을 많이 하면 할수록 좋다. 그런 다음에 숫자나 기호 등의 수학 소재로 들어가면 효과적이다. 아직 어린 아이들에게 지극히 추상화된 연산지, 학습지를 들이대는 것은 좋지 않다.

아이들에게 큰 그림과 작은 그림을 맞추게 한다거나, 피아노 소리의 셈과 여림을 비교해 보게 하는 것은 수학에서 큰 수와 작은 수를 다루는 것과 같다. 소재는 달라도 사고로는 같음을 깨달을 수 있는 수업을 하면 나중에 어떤 문제가 나와도 구조나 본질을 꿰뚫어 보고 다음 단계를 추리하는 저력을 갖출 수 있게 된다.

그런데 음악이나 미술로 수업을 하고 있으면 학부모들은 '이런 건 재미로 잠깐만 하고 숫자가 촘촘히 적힌 문제집을 풀어야 할 텐데 수학은 언제 하나?'라는 생각을 한다. 애타는 학부모들의 마음을 모르지 않는다. 심지어 수학 학원인데 그림을 그리게 하면 슬그머니 그림책을 집에 두고 왔다며 문제집을 밀어 넣기도 한다.

아이들은 자연적 또는 구체적 사고를 충분히 한 후에 점차 추상화된 기호나 숫자로 넘어가야 나중에 어떤 문제를 보아도 자기가 경험한 구체적 상황에서 그 문제의 답을 찾아갈 수 있다. 사고력은 내 안에 언제나 어디서나 어떤 방법으로든 본능으로 존재한다. 자극을 받고 사고를 안 하기가 불가능한 본능에 수학 내용을 연결하는 행위가 바로 사고력 수학이다. 즉 자연적이고 지독한 사고 본능을 보다 지적이고 논리적인 사고로 자극, 유도, 확장, 발전시켜 주는 것이 사고력 수업의 기본 모형이다.

03
수학은 기호로 된 언어이다

당신은 지금 교통사고로 도로가 엉망이 된 현장에 있다. 넓은 사거리에 차와 사람이 엉겨 있어 꼼짝하지 못한다. 이때 누가 나서서 수신호로 교통정리를 한다면 당신은 그의 신호를 무시할 것인가? 당연히 아니다. 이때 수신호는 훌륭한 의사전달 매체이고 그대로 따라야 혼잡이 풀린다는 것을 모를 사람이 있겠는가?

이런 수신호처럼 강력한 또 다른 의사전달 수단으로 신호등, 표지판, 안내판, 깃발 등을 들 수 있다. 그렇다면 구급차의 사이렌 소리는 어떤가? '급하니 길을 비켜 달라.'는 소리 신호이다. 이렇게 다양한 소통 수단을 통틀어 기호라고 하면 우리가 기호 없이 산다는 것은 거의 불가능한 일임을 금방 알 것이다.

♥는 사랑의 기호이며 💔는 사랑이 깨진 기호이다. 이처럼 우리는 기호를 벗어날 수가 없다. 기호와 더불어 사는 우리가 기호가 없는 세상에서 산다고 가정해 보면 기호의 간결함과 유용성을 더 실감하게 될 것이다.

수학은 거기서 더 추상화되고 의미를 집약하여 형상화된 기호를 사용하기 때문에 일반적인 기호처럼 직관적으로 알기는 어렵다. 반드시 사고를 거쳐서 의미를 해독하고 그것으로 소통하기 때문에 쉽지 않다. 그러나 그런 기호를 습득하고 자유롭게 쓸 수 있는 데까지 가는 자체가 지력을 기르는 과정이고, 그렇게 길러진 지력은 또 다른 정보를 재생산할 수 있는 창의력으로 진화한다. 이것이 바로 수학 사고력의 출발이다.

그러면 수학 사고력의 첫 단계는 무엇이겠는가? 바로 기호에 대한 바른 이해와 해독 능력을 기르는 것이다. 사고력 문제집을 풀 일이 아니란 말이다. 기호가 무엇인지 이해한 후에 숫자와 기호로 이루어진 수학을 대하는 것이 순서이다.

더하라는 기호대로 더하는 일, 빼라는 기호대로 빼는 일은 누군가가 시키는 대로 꾸역꾸역 실행하는 수동적인 활동이 아니라 상대방의 의견을 흔쾌히 수용하는 능동적인 수학 행위이다. 이렇게 기호에 대해 철저히 학습하고 나면 비슷한 꼴의 기호처럼 여겨질 수 있는 2와

20은 전혀 다르며 0.2는 더욱 다른 기호임을 또렷이 인식할 수 있다. 그러나 현실에서 아이들에게 수학은 '이제 학교 갈 나이가 되었으니 수학 공부를 해야 한다.'며 부모가 던져 주는 문제집을 할당량 채우듯이 풀어야 하는 기피 과목으로 전락하고 말았다.

우리가 길을 걸을 때는 신호의 변화에 따라 갈 길을 조정하고 시간을 안배하는 등 종합적 활동을 자연스럽게 한다. 이처럼 수학을 기호라고 이해한 아이들은 문제에 나온 수학 기호를 보고 자기 나름대로 방법을 찾거나, 비슷한 사례를 찾아보거나, 수가 너무 크면 줄여서 생각해 보거나 하는 식으로 문제와 관련된 모든 사고 활동을 저절로 하게 된다. 그런 자율적인 활동 자체가 귀중한 사고 경험이다.

그러나 그런 자율적 사고 활동 없이 유형별로 많은 문제를 풀어 보았다가 아는 문제가 나와서 행운으로 답을 맞힌 아이는 성적은 올랐더라도 깨닫는 기쁨은 짜릿하게 느끼지 못한다. 그러고는 이번에 운 좋게 풀어 본 문제가 나왔으니 다음 시험에도 모쪼록 풀어 본 문제가 나오기를 기다리는 신세가 된다.

첫 수학 경험을 기호 인식과 사용법에 두지 않고 계산부터 시작하게 된 아이는 형편없이 조잡한 빙질 위를 달려야 하는 스케이트 선수와 같다. 이런 아이는 오래 달릴 수 없다. 아무리 간단한 계산이라도 자기의 사고로 시작해야 어려운 단계가 되어도 포기하지 않고 넘어갈 수 있다.

04

수학 기호의 꽃,
등호(=)

만약 길을 가고 있는데 누가 당신의 뺨을 한 대 후려쳤다고 하자. 당신의 기분이 어떨까? 부아가 부글부글 끓어올라 어쩔 줄 모를 것이다. 그 순간 당신이 가장 하고 싶은 행동을 다음 둘 중에 골라 보라.

① 맞은 만큼 후려 갈겨 준다.

② 경찰에 신고한다.

감정적으로는 ①번을 고를 것이다. 그렇다면 이 마음은 어디서 온 것일까? 바로 인간의 평등에 대한 강렬한 욕구에서 출발한다. 이를 잘 나타낸 대표적인 말이 '눈에는 눈, 이에는 이'다. '사촌이 논을 사면 배가 아프다.'라는 말에서도 알 수 있듯이 인간의 같고 같지 않음에 대한 심리는 어떤 욕구보다 집요하다.

이런 강력한 욕구가 잘 표출되면 자기 발전의 동력이 되고 상호 존경의 근거가 되며 평등의 근본이 된다. 수학은 아이들에게 이런 심리적 바탕에서 =라는 기호로 사고를 훈련시킨다.

예를 들어 다음 등식을 평등의 관점에서 바라보면 심리적 근거를 가지고 역동적으로 문제를 풀게 되어 따분한 연산 학습지보다 훨씬 쉽게 풀게 된다. 시범적으로 아래 식에서 X값을 구해 보자.

$$2X+3X=4X+6$$

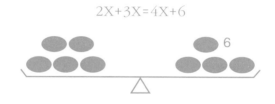

이때 혹시 당신 머릿속에 '넘긴다.'든지 '이항'이라는 단어와 '부호가 반대'라는 말들이 떠오르는가? 그렇다면 당신은 배운 대로 사고하고 있을 것이다. 그런데 그보다 먼저 등호는 양쪽이 똑같아야 한다는 수학 기호를 주목해 보라. X 5개는 X 4개에 6을 더한 것과 같다고 하지 않는가? 그렇다면 X값이 6이 아니고 무엇이겠는가?

선생님이 이런 문제를 풀 때는 이항을 하라든지 부호를 바꾸라든지 하는 식으로 설명하면 아이들은 이항을 할 때는 부호를 바꾸어야 한다는 사실을 정신 바짝 차려 기억하려고 할 것이다. 그러지 말고 그냥 기호대로 양쪽을 똑같게 하라고 해 보라. 그러면 이항과 부호 변경은 등호가 등호답게 하는 방법일 뿐임을 터득하게 되고 사고력이 커지게 된다. 그렇지 않고 방정식에서 이항하고 부호를 바꾸는 연습을 한 아이는 수학의 밀림 속에서 허우적거리기 쉽다. 아무리 간단한 수학 행위라도 반드시 그렇게 해야 하는 수학적 당위성이 받쳐져야 한다.

이렇게 우리가 심리적 근거와 수학적인 당위성을 밝히지 않고 끝없이 문제만 푼다면 수학은 살아 있지도 않고 가깝지도 않을 뿐 아니라 대학만 가면 버려질 몹쓸 것으로 전락할 것이다. 등호가 비록 짧은 막대기 2개로 만들어진 간단한 기호이지만 분명히 말하고 있지 않은가?

나를 중심으로 양쪽이 같아야 한다고.

=

05

사고력 훈련의 적기는
초등학교
4학년까지다

　오감을 통해 바로 알 수 있는 것은 치열한 사고를 요구하지 않는다. 그러나 보이지 않고, 들리지 않고, 만질 수도 없고, 냄새도 없을 경우 그것이 무엇인지를 알아내기 위해서는 100% 사고가 필요하다.
　다음 몇 가지 수학 문제를 통해서 사고력 수학의 예를 들어 보겠다.
　'바구니에 사과가 5개 있습니다. 그중 2개를 먹으면 사과는 몇 개 남을까요?'
　사고가 활발한 아이는 문제를 읽는 동안 머릿속에 바구니와 그 안에 담긴 사과 5개의 이미지가 또렷하고 '2개를 먹는다면'이라는 가정에 따라 사과 2개가 없어지는 장면이 떠오르며 마치 자기가 그 일을 직접 하는 것 같은 현실감을 느낀다. 이렇게 되는 것이 진짜 사고력 수업이다.

머릿속에서 그런 그림이 그려진다면 어떤 아이가 사과 3개가 남게 된다는 것을 모를 수 있을까? 사고력을 기르는 과정을 정리하면, 처음에는 다음 그림처럼 사실적인 현상에서 사고를 일으키고, 그것을 아주 단순화시켜 5개의 점으로 나타내고, 그것을 다시 숫자 5로 치환하여 연산기호를 사용하여 일어나지도 않은 미래의 결과를 추리해 낸다.

현상을 보면 바로 기호로, 기호를 보면 바로 현상으로 활발하게 호환되는 능력이 곧 사고력이다. 그러니까 아이들이 응용문제를 못 푸는 이유는 기호의 실질적 의미를 형상화하는 능력을 기르지 못한 상태에서 문제가 제시하는 가정을 또렷하게 상상하지 못하기 때문이다. 그러다 보니 그 다음의 결과를 도출하는 일이 어려울 수밖에 없는 것이다.

$$5 - 2 = 3$$

이런 응용문제의 해결 구조는 다음과 같은 순서를 따른다.

첫째, 바구니 안에 사과가 5개 있다.　　　현상, 현실

둘째, 만약 2개를 먹는다면　　　수학적 가정, 조건

셋째, 바구니 안에는 몇 개 남는가?　　　결과 추론, 판단, 도출

　그런데 처음에 연산지로 계산부터 수학을 시작한 아이들은 어떤 수학적 상황 제시나 가정이 머릿속에 그려지지 않기 때문에 이런 정교한 구조의 수학 문제를 풀 수가 없다. 그저 기계적으로 배운 연산 문제나 몇 개 풀고 마는 실력이 될 뿐이다. 위의 문제는 너무도 단순해서 문제라고 할 것도 없어 보이지만 모든 수학 문제의 대표적 구조이다. 이런 문제가 나중에는 다음과 같은 문제로 진화한다.

• 버스에 10명이 타고 가다가 2명이 내리고 7명이 탔다. 버스에는 몇 명이 있는가?
• 버스에 10명이 타고 가다가 몇 명이 내렸더니 2명이 되었다. 몇 명이 내렸는가?
• 버스에 몇 명이 타고 있었는데 2명이 더 타고 또 7명이 탔다. 그랬더니 모두 15명이 되었다. 처음에 타고 있었던 사람은 모두 몇 명인가?

이런 식으로 점점 수학적 조건이나 구조를 바꾸면서 치열하고도 정교한 사고를 요구하고 훈련시킨다. 이런 사고 훈련을 단계적으로 밟지 못한 아이는 학년이 올라갈수록 복잡해지는 문제 구조와 까다로운 수학 조건을 해결할 수 없다. 소위 수학머리가 있다는 아이도 초기에 제대로 훈련하지 않으면 이런 늪에 빠지기 쉽다.

이 모든 잘못은 유·초등에서 기호에 대한 이해나 상상력을 키우는 학습은 흉내만 내고 급하고도 격하게 기계적으로 열심히 시키는 연산 훈련 때문이다. 그러므로 진정한 수학 사고력을 키우기 위해서는 기계적 연산을 당장 멈추고 수학 언어에 대한 이해와 훈련이 필요하다. 그런 다음에 아이의 개인적 능력이나 성향에 따라 연산 훈련을 조절하여 시켜야 한다.

사고력 훈련의 적기는 초등학교 4학년까지이다. 5학년부터는 해결해야 할 개념의 종류도 많고 각 개념 간의 관계가 수학적으로 연계되어 있어서 어느 한 개념이 부실하면 다른 개념의 형성도 어려워지기 때문이다. 시간적 여유도 있고 사고도 유연한 초등 저학년 시기를 흘려보내고 뒤늦게 물리적으로 학습량을 늘린다고 해서 실력은 쉽게 오르지 않는다. 오히려 서서히 수포자 내지는 수혐자의 조짐이 나타나게 된다. 수학 사고력을 키우지 못하면 안타깝게도 부모는 부모대로, 아이는 아이대로 고생했는데 결국 힘들게 끌려가는 과목이 되고 만다.

06
수학의
동시 통역사가
되자

    동시 통역사는 머릿속에서 2가지 언어를 동시에 이해할 수 있다. 그 정도의 실력은 단어만 많이 안다고 되는 것이 아니라 단어가 가지는 문맥상의 뜻과 문화적·역사적 배경까지 꿰고 있어야 가능하다.

    우리 아이의 수학 실력도 그렇게 되면 얼마나 좋을까? 수식을 보는 순간 그것의 의미가 바로 이해되고, 반대로 생활 속에서의 수학적 현상이 바로 수식으로 바뀔 수 있다면 수학 강자가 되기 쉽다. 수식과 현실을 호환하는 힘이 사고력이다. 이런 사고력은 만들어진 공식에 대입해 반복적으로 풀어 본다고 해서 높아지지 않는다. 왜냐하면 그 공식이 어떤 과정을 거쳐 나오는 것인지 자기의 사고를 거쳐 이해되어야 문제가 변형되더라도 구조를 꿰뚫어 볼 수 있기 때문이다.

그런 탄탄한 실력은 벼락치기로도 안 되고, 기초 없이 어느 부분만 집중해서 한다고 될 일도 아니다. 수학 전반에 관한 폭넓은 이해가 있어야 한다. 거기에 가장 걸림돌이 되는 것은 무작정 열심히 나간 진도이다. 진도 나간답시고 관련된 개념 강의 좀 듣고 연습 문제 몇 개, 유형별 문제 몇 개, 심화 문제 몇 개 풀어 본다고 해도 수학의 영역별 특징과 공통점, 특히 따로 공부해 두어야 할 각각의 주안점 등을 다 알아야만 풀 수 있는 문제는 해결하지 못한다.

안타까운 점은 사고력을 길러 가며 문제를 푸는 아이나 그렇지 않은 아이나 초등 4학년까지는 별로 차이가 나지 않는다는 것이다. 오히려 소위 말하는 머리 좋은 아이들이 더 반짝일 수도 있다. 그러나 문제 구조가 복합적이고 영역별로 높은 수준의 이해가 있어야 분석, 해결할 수 있는 단계에 가면 자체 문제해결력 없이 배워 두었던 실력은 우수수 떨어지게 되어 있다.

이런 아이는 낮은 수준의 문제 정도만 해결할 수 있으므로 변별력에서 밀린다. 아주 간단히 말하면 응용문제는 못 푸는 것이다. 수학은 초기에 실생활과 수학적 기호 사이의 상관관계를 지루하리만치 반복해야 한다. 반복하면 할수록 아이의 수학적 이해 능력은 탄탄해지고 깊어진다.

처음에는 소위 수학머리가 있는 아이가 유리하지만 그것이 절대적 조건은 아니다. 결국에는 제대로 많이 한 아이가 잘한다. 수학머리가 있어도 초기에 잘못 배우거나 급하게 진도를 나간 아이는 자기 능력을 발휘하지 못한다. 머리 좋은 아이는 타고난 좋은 머리에 끙끙거려 본 과정이 더해지면 기막힌 실력으로 나타날 텐데 그런 아이를 둔 부모들일수록 선행에만 욕심을 낸다. 그 좋은 머리가 빛날 겨를이 없다.

이해력이 떨어지는 아이의 부모들도 욕심을 버리지는 못한다. 아이가 수학에서 어려움을 겪으면 어렸을 때 많이 안 시켜서 그렇다는 자기 위안을 곁들이면서 계속 밀어붙인다.

그러나 둘 다 그러지 않아도 된다. 사고력이 받쳐 주면 개인차는 언제든지 따라 잡을 수 있다. 적어도 자기 능력의 최대치를, 아니 그보다 더 발현할 수도 있다.

3장

껍데기 사고력은
가라

01
사고력 수학에
대한 오해

당신이 알고 있는 사고력 수학은 무엇인가? 아마도 내가 만나 본 부모들의 생각과 크게 다르지 않을 것이다. 대부분의 부모는 '사고력 수학'이란 놀이 방식이나 교구를 사용해서 딱딱하지 않게 수학을 접하다가 고학년이 되면 그만두는 게 효과적이라고 알고 있다. 그런 부모들은 고학년이 되어서까지 사고력 수학을 붙잡고 있으면 어려운 문제를 풀어야 할 시간에 교구를 만지작거리느라 시간을 빼앗긴다며 고학년은 사고력 수학을 할 시간이 없다고 한다.

또한 사고력 문제집을 푸는 것이 사고력 수학이라고 생각하는 부모들도 있다. 수록된 문제가 여간 어렵지 않아 웬만큼 공부해서는 좀처럼 풀 수가 없고 정말 사고를 많이 해야 풀 수 있다며 어려운 문제를 풀어야 사고력이 향상된다고 여긴다.

둘 중에 누가 사고력 수학을 하는 셈인가? 둘 다 아니다.

내가 주장하는 사고력 수학이란 수학을 매개로 사고 능력을 키우자는 것이다. 사고가 전방위적으로 일어나기 때문에 순서를 정할 수는 없지만 일반적인 흐름으로 사고의 단계를 살펴보자.

: 1단계 – 관찰

첫 단계는 관찰력을 기르는 것이다. 모든 지식은 관찰observing에서 시작된다.

관찰은 눈으로 보는 것만을 의미하는 것이 아니라 눈으로 들어온 정보를 이미 내가 가지고 있던 정보와 비교 정리하는 합성 과정이다. 우리가 잘 아는 셜록 홈즈는 한 번 스쳐보기만 해도 상대가 어떤 사람인지 정확하게 파악하는 능력을 지녔다. 레오나르도 다빈치나 미켈란젤로가 해부를 한 후에 작품을 만들었듯 주의 깊은 관찰 없이 위대한 작품이 나왔을 리 만무하다.

그런 능력을 수학으로 어떻게 기를까? 간단하다.

틀린 그림 찾기, 같은 모양 찾기, 순서 찾기, 쌓인 블록의 개수 찾기, 다른 것 골라내기 등으로 소재는 널려 있다. 이런 것들이 사고력의 출발이니 반드시 많이 해야 한다. 유치원까지는 그런 대로 이런 활동을 잘하다가도 초등학생이 되면 계산을 더 중요시하게 되는데 초등 저학년까지는 꾸준히 사물을 관찰하는 자세가 중요하다.

: 2단계 — 형상화

형상화imaging는 관찰이 이루어진 후 머릿속에 들어온 정보에 대해 모든 감각을 동원하여 이미지화하는 것이다. 관찰은 시각적 수단이 가장 많이 쓰이지만, 형상화는 시각뿐 아니라 청각·후각·미각 등을 동원하여 나만의 이미지를 만들어 내는 것을 의미한다.

수학에서는 당장 현상 그대로를 말이나 그림으로 재연해 보는 것부터 시작하는 것이 좋다. 이런 과정이 쌓이면 저절로 추상화 단계로 진화한다. 문제는 어른이 이 발달 단계를 이해하지 못하면 아이의 발전 속도를 기다려 주지 못하고, 급하게 가르치려고만 한다.

: 3단계 — 추상화

추상화abstraction란 곧 단순화이다. 표현하려는 대상 전체를 나타내는 것이 아니라 그중의 중요한 일부만을 나타내는 사고 행위이다. 다시 말해 불필요한 정보를 제거하는 행위를 말한다. 이런 능력이 없으면 문제 안에 있는 여러 정보를 분별하지 못하므로 그나마 연습해 둔 연산만 해 보는 수밖에 없다.

아무거나 더하고 곱해서 엉뚱한 답이 나와도 아이는 뭐가 문제인지 모르고 어른은 황당해한다. 길이에 무게를 더하거나, 곱해야 할 때 나누기를 하는 행동 등은 아이가 엉뚱해서가 아니라 추상화 훈련이 부족해서이다. 추상화 능력 없이는 수학을 잘할 수 없다. 이런 기능은 숙달되면 될수록 가속도와 질적 향상이 일어난다.

⫶ 보기

처음에는 시속 200km의 기차로 3시간을 달리다가, 자동차로 갈아타고 시속 90km로 두 시간을 달려 할머니 집에 도착했다. 모두 몇 시간 걸렸는가?

이 장면에서 이동 도구, 갈아타는 지점이나 행위, 기차의 속도, 자동차의 속도, 할머니 집이라는 불필요한 개념을 제외하는 고도의 단순화 작업이 일어나지 않으면 문제 해결이 어렵다. 답은 5시간이다.

위의 3가지 사고력 외에도 유비추리, 귀납추리 등 다양한 사고력이 있으나 초등에서는 위의 3가지만 착실하게 훈련되어도 사고가 활발하게 일어난다.

어렸을 때 사고 발달에 중점을 두지 않고 학습량을 늘리는 식으로 수학 공부를 하는 방법이 조악하면 아이는 수학을 싫어하게 된다. 활발한 사고력이 하늘을 찌르는 유·초등 시절에 그 따분한 연산 문제를 새카맣게 찍어서 들이밀면 애들이 얼마나 질릴까!

02

수학은 연산, 사고력, 교과 3종 세트가 아니다

언제부터인지 수학 교육은 거의 상식처럼 사고력, 연산, 교과 수학 이라는 3종류로 나눠 지도한다. 우스갯소리로 연산은 생각 없이 빠르게, 사고력은 생각하며 골똘히, 교과 수학은 학년보다 빠르게 지도하는 게 정도라고 한다.

연산을 '생각 없이 빠르게' 연습한 3학년 아이 A를 소개하겠다.

A가 풀어야 할 문제는 다음과 같았다.

'10cm짜리 테이프 4개를 2cm 간격으로 나란히 늘어놓았다. 첫 테이프와 마지막 테이프까지의 거리는 얼마인가?'

이 문제는 10cm 테이프 4개와 2cm씩 띄운 간격의 개수가 분석 요소이다. 그래서 보통 아이들은 44cm인지 또는 46cm, 48cm인지 등으로 생각을 가다듬어 정답 '10×4+2×3=46cm'를 향해 가기 시작했다. 그런데 A는 바로 확신에 찬 목소리로 "80cm!"라고 외쳤다. 너무도 큰 소리로 말했기 때문에 문제를 풀던 다른 아이들은 '내가 잘못 풀고 있는 건가?' 하고 착각할 뻔했다.

"어떻게 해서 80cm가 나왔지?"

답은 간단했다.

"40 곱하기 2는 80이니까요."

A는 문제가 가지고 있는 수학 구조를 머릿속에 상상하기도 전에 '생각 없이 빠르게' 훈련된 연산 본능이 발동하여 무조건 눈에 띄는 수로 10×4×2를 하여 80이라고 외친 것이다. 누구 때문에 이런 아이가 되었을까? 잠깐 생각할 시간조차 아끼느라고 초시계까지 들고 붙어 앉아 훈련시킨 탓에 아이는 무엇이든 빠르게 계산하지만 당치도 않는 오답도 서슴없이 외치는 것이다. A는 앞으로 어떻게 될까?

다시 문제를 보자. 아이들은 대부분 테이프가 4개니까 떨어진 부분도 4개일 것이라고 무의식적으로 생각한다. 그것은 덤벙거리거나 관찰력이 없어서가 아니라 본능적으로 추리하기 때문에 눈앞에 3곳이 떨어져 있어도 소용이 없다. 테이프 수와 떨어진 수가 테이프 개

수 4에 딱 고정되어 벗어나지를 못한다.

앞에서도 언급했듯이 눈에 보이지 않는 것을 상상하는 것도 사고력이지만 빤히 보이지만 필요 없는 정보를 무시할 수 있는 힘도 사고력이다. 그러니까 눈에 보이든 안 보이든 바르게 판단할 수 있는 지력을 키우는 것이 수학 공부의 진정한 목표이다.

위 문제는 바로 그러한 지력을 키워 주는 문제이다. 그러니 테이프 문제의 유형을 외우는 아이는 조금이라도 문제를 바꾸면 또 틀릴 확률이 높다.

또 다른 연산 잘하는 아이의 이야기가 있다.

6학년 여학생 B는 부모가 하라는 대로 열심히 했다. 천성이 열심이고 꼼꼼하여 어릴 때부터 주변의 칭찬을 한 몸에 받았다. 학습지 한 번 안 밀리고 쪽지시험 한 번 틀린 적이 없는 전설의 엄친아였다. 그런데 그 아이에게 고민이 생겼다. 4, 5학년이 되자 수학이 어려워지기 시작한 것이다. 그러나 지금까지의 성적과 평판 때문에 그런 말을 하기가 쉽지 않았고 더 열심히 하면 되리라는 믿음으로 각오를 다졌다.

B와 상담을 하면서 분수와 문제 구조를 파악해야 풀리는 문제를 물어 보았다. 고학년 수학은 분수가 분수령이라서 분수 개념이 확실하면 약분, 통분과 문장제에 나오는 여러 관계를 한눈에 보는 힘이 생긴다. 그런데 B에게 그런 종합적 문제를 물었을 때 눈빛이 흔들렸다. 문장 속에 있는 조건이 복잡해지니 문제 파악이 안 되는 것 같았다. B는 통분도, 약분도, 분수 연산도 잘했지만 정작 그 실력을 언제

어떻게 써야 하는지에 대한 통찰력은 부족했다.

문장에 제시된 장면이 머릿속에 그려지지 않는데 무슨 수로 푼단 말인가? 연산 연습 시간에 문제 장면을 자기 방식대로 말로 또는 그림으로 그려 보는 시간을 먼저 가졌어야 했다. 말로 하거나 그림으로 표현하는 것은 자기 사고 없이는 불가능하기 때문이다.

앞의 두 사례는 연산과 사고력을 따로 여긴 결과이다. 문제에 적용하지 못하는 연산을 왜 그리도 열심히 시켰을까? 그 정도라면 계산기가 더 잘할 텐데…. 연산을 아무리 잘한들 계산기를 이길 수 있을까? 사고력을 키우고 거기에 연산, 응용문제, 영어, 국어, 음악도 덧붙이면 될 일이다.

수학은 연산, 사고력, 교과 3종 세트가 아니라 오직 사고일 뿐이다. 다른 과목도 사고 없이는 안 되지만 수학은 특히 사고가 중요하다. 사고했는데 모를 수 있는가? 반대로 맥락 없이 반복한 것을 알 수 있는가? 반복만 해도 잘하는 아이가 있다면 사고를 통해서 하면 얼마나 더 잘할까? 흔히 말하는 사고력 문제집은 사고력을 많이 요구하는 문제집이지 사고력이 좋아지는 문제집이 아니다.

연산도
사고력이 필요하다

03

우리는 사고로부터 도망칠 수 없다. 그 좋은 사고력이 저절로 일어나고 있는데 굳이 외면해 가며 연산 연습만 따로 할 필요가 있을까? 아니 사고를 벗어날 수나 있을까? 사고로 형성된 연산 개념을 반복함으로써 더 익숙하게 한다는 말은 가능하지만 '연산 따로, 사고력 따로'라고 말하면 사고력을 새로운 과목처럼 여기기 쉽다.

다음 그림을 보자.

더하기 개념을 나름대로 이해한 7세 아이의 그림

 더하기의 개념을 이해한 7세 아이의 그림이다. 이런 아이는 숫자나 그림이나 구별 없이 해결한다. 따라서 빼기를 따로 가르치지 않아도 더하기의 반대 개념인 것을 저절로 안다. 연산 개념이 이렇게 구체적으로 파악된 아이는 연습량에 따라 실력이 올라간다.

 곱하기는 어디까지나 연속 더하기일 뿐이다. 흙을 삽으로 파는 게 더하기라면 곱하기는 포크레인으로 파는 것일 뿐 곱셈은 어디까지나 더하기다. 그래서 더하기를 제대로 알고 연습한 아이는 곱하기를 저절로 이해하게 된다.

 다음 그림은 세 자릿수의 더하기가 되는 2학년 아이의 문제해결 장면이다. 곱하기를 몰라도 자기의 사고를 통해서 해결한 흔적이다.

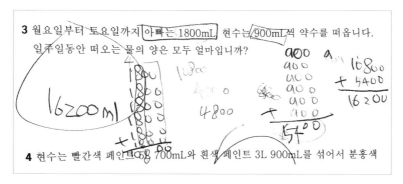

2학년 아이가 푼 연속 더하기를 통한 큰 수 연산

혹시 아이를 혹사한 장면 같아 보이는가? 그렇지 않다. 그런데 부모들은 아이가 이러고 있으면 기다려 주지 못한다. 당장 계산하기 편하게 곱하기를 가르치려 든다. 그러지 마시라. 곱셈의 원리를 반복 덧셈으로 이해한 아이는 덧셈에서 곱셈으로 저절로 진화한다.

마찬가지로 나누기는 연속 빼기 개념일 뿐이다. 곱하기, 나누기라는 용어로 가르치는 대신 연속해서 더하기, 빼기를 많이 한 아이에게 자기가 한 일이 곱하기와 나누기의 기본임을 알려 주면 된다. 그런 다음에는 큰 수로 반복 연습한다. 이런 식으로 접근하면 실력이 향상되는 시간이 단축될 뿐만 아니라 개념이 더 확실해진다.

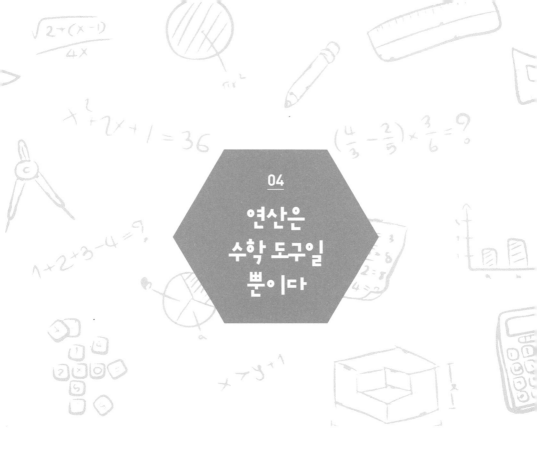

04
연산은
수학 도구일
뿐이다

연산은 수학 공부의 관문이지 목적지가 아니다. 그런데 시작부터 너무 많은 시간과 노력을 연산에 쏟아 붓느라 정작 수학 공부를 제대로 해야 할 때는 지치거나 동력을 잃어버리는 경우가 많다. 누구나 연산부터 시작하기 때문에 수학 공부가 곧 연산인 줄 아는 지경에 이르렀다. 게다가 연산을 잘하면 수학을 잘하는 것으로 착각하기도 한다. 그러다 보니 어린 시절부터 연산에 내몰린다.

연산은 농사를 지으려는 농부가 농기구 다루는 법을 배우는 것과 같다. 농기구를 잘 다룬다고 해서 농사를 잘 짓는 것이 아니듯 연산을 잘하면 수학을 잘할 가능성이 높아지는 것이지 그것이 곧 수학을 잘하는 것은 아니다.

그러면 도대체 연산은 무엇일까? 한마디로 말해서 작동이다. 예를 들어 보자.

여기 3이 있다. 그리고 2가 있다고 하자. 이들이 그렇게 존재하기만 하면 어떤 변화를 일으키거나 관계를 맺을 수 없다. 그러나 이 둘 사이에 연산기호가 들어가면 새로운 무엇을 창조한다.

$$3+2=5$$
$$3-2=1$$
$$3\times2=6$$
$$3\div2=\frac{3}{2}$$

여기서 아이들에게 강조해야 할 것은 3이나 2라는 숫자가 아니라 +, -, ×, ÷의 역할이다. 마치 연극 무대에서 중요한 부분은 따로 비추어 서 그 장면만 뚜렷하게 각인시키듯이 연산기호의 역할을 강조해야 한다. 그리고 실생활에서 +, -, ×, ÷로 나타낼 수 있는 생활 용어로는 어떤 것들이 있는지 알려 주어야 한다.

① +로 나타나는 말들 : 더하다, 모으다, 합치다, 커지다, 오르다, 많아지다, 길어지다, 자라다, 밝아지다, 더워지다 등으로 어떤 상태가 불어나는 현상을 나타낼 때 +기호를 쓴다는 것을 아이들이 발견하

게 해야 한다.

② -로 나타나는 말들 : 빼다, 가르다, 작아지다, 내려가다, 적어지다, 짧아지다, 어두워지다, 추워지다 등으로 어떤 상태가 줄어드는 현상을 -기호로 쓴다는 것을 체험적으로 알게끔 해야 한다.

이렇게 하면 아이가 +, -는 반대의 개념을 나타내는 기호임을 뚜렷하게 인식한다. 뜻밖에도 ×, ÷는 별로 가르칠 게 없다. ×는 연속 더하기 기호이고 ÷는 연속 빼기 기호임을 알면 된다. 그러니 연산은 순서대로 배우지 않아도 된다. 연산은 우리가 살아가는 모습을 수학 기호로 변환시켜 나타내는 것뿐임을 알면 된다.

연산은 아이들에게 시간 내에 처리해야 하는 일이 아니라 우리 생활에서 일어나는 일들을 기호로 변환시켜서 모아 보기도 하고, 빼 보기도 하고, 모으는 일이 많아지면 곱으로 해결하고, 빼는 일이 많아지면 나누기라는 기능으로 해결하는 일임을 알게 한다.

보기를 들어 보자. 1주일이 7일임을 다 아는 상태에서 문제를 푼다고 하면 7씩 묶는 것이니 10일은 1주일과 3일이 되고, 거기서 5일을 빼는 문제라면 아래와 같이 된다는 것을 어렵게 받아들이지 않는다.

1주일 3일

−　　　　5일

_____

이 문제는 1주일을 7일로 바꾸어서 (7+3)−5=5라는 방법으로 답을 얻는다. 이렇게 수가 커지면 큰 단위로 묶어서 자릿수를 옮겨 풀면 된다는 것을 생활 속에서 해결하면 거부감이 없다. 이것을 이해하면 10씩 묶어서 올리고 내려서 처리하는 받아 올림과 내림의 연산이 아이들 머릿속에 생생하게 움직인다. 이것만 알면 연산에 그렇게 매이지 않아도 저절로 해결할 수 있다.

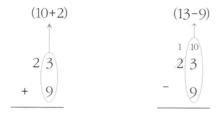

진정한 연산은 연산에 사용되는 모든 기호에 대한 바른 이해를 바탕으로 수가 커지면 묶어서 세거나 자리를 옮기거나 해서 현 상황에서 일어나는 문제를 보다 간결하고 합리적으로 해결하는 데 필요한 수학적 도구일 뿐이다. 문제를 유연하게 해결하는 데 도움이 될 수 없다면 농기구 다루는 기술만 배우다가 농사는커녕 밭에 들어가 보지도 못하는 농부와 무엇이 다른가? 수포자라는 이름으로 낙인찍힌 채 말이다.

　산업혁명이 그 시대의 기술이나 경제를 바꾸며 오늘날로 발달해 왔듯이 수학 교육에 대해서도 인식 변화가 일어나 연산이 저렴한 비용과 쉬운 방법으로 효과가 높은 사고의 도구로서 사용되길 기대한다.

'수학머리'
따로 있다?

　흔히 말하는 '수학머리'가 있는 사람들이 있다. 그런 이치라면 영어머리, 국어머리, 미술머리, 음악머리도 있어야 한다는 결론에 이른다. 수학머리가 있다는 말은 결국 수학에 좀 더 소질을 가지고 태어난 아이를 말한다. 그런데 그 정도의 소질은 얼마든지 키울 수 있다. 세계적인 천재까지는 어렵지만 반에서 1등 정도는 가능하다. 바로 사고력을 길러 주면 된다.

　조금만 노력하면 할 수 있는 일이니 '우리 아이는 수학머리가 없다, 또는 있다.'라는 말로 아이의 발전 가능성을 단정해서는 안 된다.

수학머리가 없다고 고민하는 시간에 어떻게 하면 사고력을 길러 줄까 고민할 일이다.

아이들이 어려운 문제를 못 풀겠다고 힘들어하면 어떻게 할까? 이럴 때는 문제 구조를 파악하지 못해서인지, 얼개는 아는데 처리할 기능이 부족한 건지를 살펴봐야 한다. 3학년 문제를 못 푸는 아이에게는 3학년 수준으로 설명하면 안 된다. 반드시 그 아래 개념에서 올라와야 한다. 그렇게 하면 풀 수 있게 된다. 그게 지름길이다.

어려운 문제를 남의 도움을 받아서 겨우 풀어 본 문제의 양이 아니라 쉬운 문제라도 스스로의 힘으로 풀어 본 것만이 실력이 된다. 그러므로 수학 숙제에 대해서 깊이 생각할 필요가 있다. 아이들에게는 (단순 연산이 아닌) 수학 숙제가 대단히 어려운 일이다. 수학은 고도의 정신노동인데 아이 혼자서 하기는 힘든 일이다. 그래서 수학 숙제는 많이 내주는 게 능사가 아니다.

부모들이 "숙제를 많이 내주세요."라는 말을 많이 하는데 숙제보다는 사고 활동을 하는 것이 우선되어야 한다. 특히 초등 4학년 때까지 수학은 진도의 문제가 아니라 사고 활동의 양과 질의 문제이다. 사고력 활동만 제대로 한다면 그 좋다는 '수학머리'가 생기고, 그렇지 않으면 타고난 머리도 제대로 빛을 보지 못한다.

06
지금도 사고의 골든타임이 흘러가고 있다

사람들에게 다음과 같이 물어보고 싶을 때가 있다.

"이것은 왜 수학이 아니란 말인가?"

우선 '수학'이란 말의 어원부터 알아보자. 이 말은 '모든 학문'을 의미하는 'mathemata'에서 왔다. 그 시절의 학문이 삶에 필요한 지식이라고 본다면, 수학은 그것을 얻기 위한 모든 능력을 뜻하는 것이지 모든 지식 그 자체는 아니다. 지식은 능력을 키우는 도구, 재료, 요소는 될 수 있으나 지식 자체가 곧 능력은 아니다. 아무리 인간이 지식을 많이 가진들 컴퓨터를 따라갈 수 있을까?

그런데 mathmatics를 수학으로 번역하는 바람에 '학문'이라는 포괄적인 의미는 없어지고 수數라는 글자가 의미하는 숫자와 기호, 도형, 증명 등을 다루는 과목으로 전락하고 말았다. 그런 의미라면 수학을 역으로 번역할 경우 mathmatics가 아니라 number scholarship이 되어야 하지 않을까?

악보에 음표가 많다고 해서 음표가 음악이 아니라 그것이 모여 이루는 소리가 음악이듯이, 색이 미술이 아니라 그것을 통하여 미적 감동을 추구하는 것이 미술이듯이, 수학도 숫자나 기호를 통하여 사고를 발전시킬 따름이지 숫자 자체가 수학이 아니다. 그러니 수학의 어원에는 '사고하기'란 뜻이 강하고, 계산하기는 아주 지엽적인 행위일 뿐이다. 그러므로 수학을 사고하기라고 정의한다면 사고가 일어날 수 있는 다양한 소재나 상황이 모두 우리를 기다리고 있다.

그럼 아래 보기 중에서 수학적인 것을 골라 보자.

1	그림 배열	☐	☐	☐	☐
2	동물 배열	개미	개구리	강아지	말
3	식물 배열	안개꽃	진달래	백합	해바라기
4	색깔 배열	연보라	보라	진보라	흑보라
5	소리 배열	도	미	솔	시
6	숫자 배열	2	4	6	8
7	바람 배열	미풍	약풍	강풍	초강력풍

보기에서 수학인 것과 아닌 것을 구별해 보라. 수학을 '숫자로 하는 학문'이라고 본다면 1번과 6번을 택할 것이다. 그러나 수학을 '사고하는 일'이라고 본다면 모든 것이 수학이다. 왼쪽 보기에서 오른쪽 보기로 갈수록 '아하, 이 모두가 점점 커지는구나.'라는 사고로 보면 이 모두가 왜 수학이 아니란 말인가?

그러니 적어도 초등 수학을 배울 때만이라도 어려운 문제를 더 빨리, 더 정확하게, 더 많이 풀기 위해 죽도록 반복하지 말자. 그 시기만이라도 여러 정보와 자극을 자기의 생각으로 관찰, 비교, 분석하고 공통점을 추리하여 그다음까지 예측하는 진정한 의미에서의 '사고력'을 기르게 하자.

그렇다면 아이에게 빨리 푸는 훈련을 시킨다고 초시계를 들이밀고 시간을 재는 일은 사고력 신장에 어떤 영향을 줄까? 주의 깊게 관찰하고 넓게 사고하기보다는 뭐라도 빨리 결론을 내기에 급급한 아이로 키우기 쉽다. '멍 때리는 꼴 보기 싫다.'는 말도 그만 좀 하자. 한 일주일만 가만두면 지겨워서도 하지 않는다.

유·초등 저학년만이라도 그렇게 사고력을 기르면 4~5학년부터는 소위 말하는 수학 3종 세트인 연산, 교과, 사고력에서 문제가 생기면 무슨 방법으로든 해결할 수 있다. 그래도 모른다면? 가르치면 된다. 얼마나 쉽게 받아들이는지 상상도 못할 것이다. 그러니 초등 수학을 가볍게 생각하지 말자. 지금 이 순간도 사고의 골든타임이 지나가고 있다.

지금이라도 수학 교과서 이름을 '수학' 대신 '생각하기'로 바꿀 수 있다면 조금의 변화라도 생기지 않을까? 초등 수학만이라도, 아니 초등 저학년만이라도 그러면 좋겠다.

무엇이
원인가?

색종이 한 장과 가위가 있다. 누군가 당신에게 원을 하나 오려 달라고 한다. 당신은 색종이를 반으로 접어 반원을 그리고 그 선을 따라 오린다. 종이를 펼치면 원과 원을 오리고 남은 종이가 있다. 당신은 다음 그림 중 어떤 것을 줄 것인가?

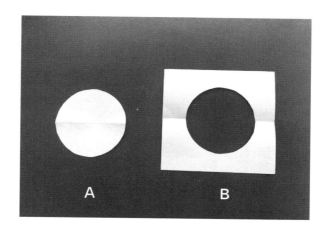

아마도 당신은 A를 줄 확률이 높다. 그럼 B는 원이 아닌가? 답은 A
를 주든 B를 주든 상관없다. 둘 다 원이기 때문이다.

그런데 우리는 왜 A가 더 원 같다고 생각할까? 우리가 원을 공부
할 때 주로 A를 보기로 들어서 공부했기 때문에 그게 훨씬 더 원 같
을 뿐이지 원의 속성은 A, B가 동일하다.

그럼 아래 그림을 보자.

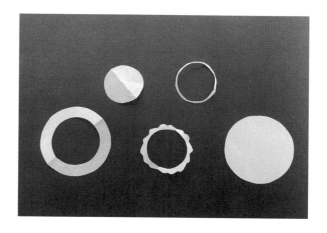

머릿속에 어떤 단어가 떠오르는가? '원'이다.

그러면 엄밀하게 따져서 진짜 다 원인가? 정말 '평면 위의 한 점 O 로부터 일정한 거리에 있는 모든 점으로 이루어진 도형'이라고 말할 수 있는가? 그렇지 않다. 저기에서 그 정의에 맞는 원은 하나도 없다. 그러면 우리가 말한 원은 눈에 보이는 그 자체인가, 아니면 그를 통해 추론해 낸 사고의 결과물인가? 두말할 것도 없이 사고의 결과물이지 종이를 오려서 만든 동그라미가 아니다.

이렇듯 모든 도형 수업의 대상인 점, 선, 면, 입체는 모형을 보고 배우지만 머릿속의 도형은 정의에 합당한 완벽한 도형으로서 실존하지는 않는다. 도형에서 실제와 사고의 차이를 지도하고 아이들의 사고를 무한히 자극하는 일이 도형 사고력 수업이다. 이런 사고가 발전하면 초등 도형의 밀기, 회전하기, 뒤집기부터 시작하여 선대칭, 점대칭을 지나 중학교의 닮음과 합동까지 무리 없이 발전할 수 있다.

아이 스스로 자기의 사고력을 자각하고 훈련하면 나중에는 모형 없이 말로만 이야기해도 머릿속에 도형이 그려지고 움직인다. 그런 힘을 기르지 않고 기계적으로 많이 풀어서 기억에만 의존하는 아이는 언젠가 한계를 느끼게 된다. 제아무리 유형별, 단계별, 반복 또 반복 등으로 노력해도 저절로 움직이는 사고력을 어떻게 당할 수 있겠는가.

08

껍데기 사고력은 가라 - NPNP법 1

껍데기 사고력과 상반된 개념으로 알맹이 사고력이 있다. 알맹이 사고력을 말하기 위해 신조어 '문일지억'부터 이야기해 보겠다. 이 말은 내가 만들었다. '하나를 들으면 열 개를 안다.'라는 사자성어 문일지십聞一之十을 패러디한 것으로 '하나를 들으면 억 개를 안다.'라는 뜻이다. 10개만 알아도 굉장한데 1억 개를 알 수 있는 비법이 있다니 귀가 쫑긋해질 것이다. 이는 알맹이 사고력 수업을 하면 가능해진다. NPNP법이 문일지억의 비법이다.

NPNP법은 연필도 없이, 종이도 없이 공부한다는 뜻인 'No Pencil

No Paper'의 앞글자를 모아서 만든 말이다. 그럼 무엇으로 공부하나?

우선 아주 어린 아이들을 관찰해 보자. 태어나서 오직 먹고 자기만 하던 아기가 어느 날 말을 하기 시작한다. 한 번 말문이 트이기 시작하면 적절한 한마디 말로 복잡한 상황을 얼마나 잘 표현하는지 다들 놀랐던 경험이 있을 것이다. 신통방통한 아이를 보고 얼마나 대견해했던가? 아기는 오직 듣기만 했는데 누가 엄마인지, 누가 아빠인지 다 아는 능력자가 된다. 연필도 없이, 종이도 없이 말이다.

이것만 보아도 듣는 행위는 최고의 공부법이지 않은가. 단지 너무 당연한 일이라 우리가 그것을 학습 방법으로 못 봐서 그렇지, 듣기는 대단한 학습법이고 대단한 능력이다. 그 능력이 너무 빨리 가두어지는 것은 아닌지 고민해 볼 일이다. 보고 듣고 만지고 노는 동안에 끝없는 상상을 할 수 있는 시기를 충분히 주지 못하고 너무 빨리 종이와 연필을 들이민 게 아닐까?

내가 5, 6세도 가르칠 수 있다고 하면 바로 다음과 같은 질문이 나온다.

"어린아이들을 데려다 놓고 뭘 가르치나? 배울 게 뭐 있다고?"

"무슨 교재인지? 우리 아이가 따라갈 수 있는지? 한글도 모르는데 수학을?"

이러면서 학습 과잉에 앞장선 사교육 종사자로 치부한다. 그런 질문 모두가 학습이 종이와 연필을 들고 뭔가를 쓰고 푸는 행위라는 생각을 떠올리기 때문이다.

그러나 어린아이에게는 사고할 수 있는 모든 행위가 공부일 따름이지 번듯한 교재와 교구가 다 동원될 필요가 없다. 정말 필요한 것은 언제 어떻게 사고가 일어나는지를 정확히 아는 어른이다. 조기교육이라는 말을 조기 사고 능력 기르기라고 바꾸어 사용하면 어떨까? NPNP법은 초등 저학년에게 꼭 권하는 방법이다.

09

사고의 꽃을 피운 아이들
- NPNP법 2

다음을 보고 머리에 떠오르는 말들을 생각해 보라. 몇 개의 말이 생각나는지 손가락으로 꼽아 보면 좋겠다. 당신이 골똘히 생각하는 순간이 당신의 사고가 늘어나는 시간이다. 어린아이들은 사고력을 키우기 위해서 사고력 문제를 따로 풀 일이 아니라 이렇게 자연스럽게 사고 활동을 하게 해야 한다. 사고력은 사고력 문제를 풀 때만 늘지 않는다.

　NPNP법은 종이와 연필을 절대로 만지면 안 되는 것은 아니고, 오직 사고를 치열하게 한 결과를 표현해 보자는 것이다. 더 어린 아이들의 경우에는 말, 표정, 몸짓, 그림 등으로 나타낸다.

아래는 NPNP법으로 사고력 수업을 한 흔적이다. 주황 색연필로 둥글게 그린 그림을 아이들에게 보여 주고 "무엇일까요?"라고 물은 질문의 답을 보기 바란다. 답을 보기 전에 당신은 무엇을 생각했는지 한번 되새겨 보면 공감 정도가 높아질 것이다. 시작해 보자.

'다음 그림을 보면 무슨 생각이 나나요?'

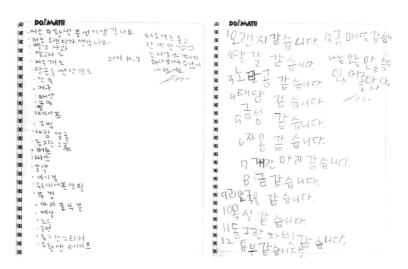

위 그림을 보고 생각을 쓴 아이들의 예

이것은 하나의 정보만 들어와도 우리가 얼마나 다양한 사고를 할 수 있는지를 실감할 수 있는 예이다. 이런 무변광대한 사고 능력으로 수학을 하는 것이 사고력 수학이다. 아이들이 생각해 낸 이야기를 보자. 놀랍지 않은가? 귀엽지 않은가? 이런 싱싱한 사고를 수학 시간에 하면 얼마나 좋을까? 좀 더 전개해 보자.

다음 지문은 그림보다 조금 더 기호화시켜 만들어 본 문제이다. 굳이 문제라기보다는 어떤 상황이라고 하는 게 좋겠다.

> 'ⓐ는 ⓑ의 어머니다.'

이런 상황을 주고 자기의 생각을 펼쳐 보게 한 결과는 다음과 같다.

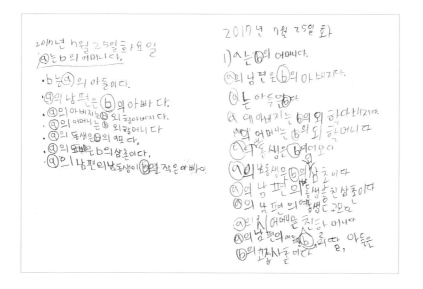

이런 식으로 그림과 언어를 통해 사고를 일으켜 본 경험이 있는 아이는 상황이 수학적으로 바뀌더라도 사고를 전개하는 것에 거침이 없다. 사고력이 장착된 것이다.

다음은 위와 같은 NPNP법으로 초등 1학년부터 공부한 4학년 아이의 수학 사고 활동의 결과물이다. 제법 어려운 수학 요소가 많으나 그림이나 말로 사고 활동을 전개해 본 아이는 무리 없이 써 내려간다. 주어진 문제가 주황색 공에서 출발하여 ⓐ와 ⓑ를 거쳐 터널과 기차로 바뀌었을 뿐이다.

이렇게 보면 수학 사고력 수업은 꼭 숫자로 할 필요가 없고 교육 소재와 방법을 훨씬 다양하게 전개해야 한다는 것이 분명해진다. 특히 초등에서는 그렇다.

이 학생에게 주어진 수학적 상황과 지문은 다음과 같고, NPNP 활동을 하라고 하였다. 문제는 그냥 건빵이 24개 있다고 하고, 생각나는 것을 가능한 한 식으로 쓰게 하였다.

문제 1. 건빵이 24개 있다.

아래는 위 사진의 내용을 그대로 적고, 아이가 전개한 식을 설명
한 것이다.

① 건빵은 2묶음으로 나누면 각각 12개가 된다. 24÷2=12

② 건빵이 5개 사라지면 19개 남는다. 24-5=19

③ 건빵 길이가 5cm이고 24개를 쭉 늘어놓으면 120cm가 된다.

$5 \times 24 = 120$

☞ 어떤 생각이 드는가? 응용문제나 심화 문제 같아 보이나? 놀라운 것은 선생님이 내놓은 문제를 풀어낸 것이 아니라 아이 스스로 떠올렸다는 것이다.

④ 건빵을 재훈이가 5개씩 매일 먹으면 4일 동안 5개를 먹을 수 있다.

$24 \div 5 = 4 \cdots 4$

☞ 이 아이가 써 놓은 내용을 보고 한 번에 이해하기가 어려웠던 것인데 아이의 설명을 듣고 나서 나눗셈의 몫과 나머지 개념으로 이해하고 있음을 알았다. 24개를 4일간만 5개씩 먹을 수 있고, 그다음부터는 그렇게 먹지 못한다는 것이다. 나눗셈을 따로 배우지 않아도 실생활에서는 이와 같은 일이 늘 일어나고 아이들은 자연적인 능력으로 해결한다.

⑤ 건빵을 6명에게 똑같이 나누어 주려면 4개씩 나눠 주면 된다.

$24 \div 6 = 4$

⑥ 건빵 5개당 1,000원에 판다면 24개로는 4,800원을 벌 수 있다.(이윤 100% 가정) $1000 \div 5 \times 24 = 24000$ (식의 답을 잘못 표기함)

☞ 여기에서는 이 아이의 오답을 그대로 적었다. 오답을 썼더라도 생각의 과정이 훌륭하다.

⑦ 건빵을 3봉지로 나눴는데 그중 1봉지를 이웃에게 나누어 주면 16개가 남는다. $24 - 24 \div 3 = 16$

☞ 여기서도 나누기가 뒤에 나와 있지만 일단 나누기를 먼저 하여 한 봉지 값을 얻은 후 24에서 빼야 한다는 것을 저절로 알게 되어 있다.

⑧ 건빵 중 10개를 먹으면 14개가 남는다. 24-10=14

⑨ 건빵 24개를 묶음으로 파는 곳에 가서 4묶음을 사면 총 120개가 생긴다. 24+24×4=120

☞ 이 장면도 아이의 머릿속을 상상하며 이야기를 풀어 보자. 만약 그냥 수학 문제만 풀어 실력을 올리는 아이라면 24×4=96 혹은 24×5=120으로 답하기 쉬울 것이다. 하지만 아이의 사고는 그런 계산에 있지 않다.

일단 건빵이 24개가 있다고 했고 주인공은 거기다가 더 사서 보태겠다는 것이다. 이 아이는 건빵이 24개 든 봉지를 한 묶음이라고 생각하고 건빵을 사러 갔다. 거기서 4묶음을 더 사서 처음 자기가 가지고 있었던 건빵과 합쳐 24+24×4=120이라는 식과 답을 얻은 것이다.

여기서 주목해야 할 것은 혼합계산에서 더하기와 곱하기 중 곱하기를 먼저 하라고 가르칠 필요가 없다는 것이다. 이 식에서 더하기가 앞에 나와 있든 말든 사건의 내용을 완전히 아는 아이는 더하기를 먼저 할 수가 없다. ⑦번과 같은 이유이다.

그래서 수학은 상상력이 중요하다고 말하는 것이다. 하늘에 우주선이 왔다 갔다 하고 구름이 둥둥 떠다니는 것만이 상상력이 아니다. 직접 실행하지 않아도 지문의 상황을 머릿속으로 떠올리는 것 자체가 엄청난 상상력이다. 이런 작은 데서부터 훈련된 사고가 아이들 내면에 차곡차곡 쌓여 역동적인 수학 사고력으로 발전하는 것이다.

⑩ 건빵 24개를 12명에게 똑같이 나누어 주려면 2개씩 나눠 주면 된다. 24÷12=2

⑪ 건빵은 5명에게 10개씩 나눠 주려면 50개가 필요하므로 36개를 더 사야 한다. 5×10-24=36

☞ 여기서 틀린 답 36에 집중해서 아이가 어떻게 풀려고 했는가에 대해서는 들여다보지 않고 계산이 틀려서 백 점 못 맞으면 어떻게 하냐고 물을 것인가? 아이는 곱하기가 먼저 나왔기 때문에 5×10을 하는 것이 아니라 먼저 필요한 개수를 설정하고 있는 수량만큼 빼야지만 필요한 부분이 얼마인지 알게 됨을 정확히 알고 있다. 아직도 혼합계산의 순서를 외워야만 한다고 생각하는가? 정답은 나중에 다시 계산하게 해서 26으로 고쳐 주면 된다.

⑫ 건빵 중 18개가 썩은 것이라면 6개는 안 썩었다. 24-18=6

⑬ 건빵 중 20개를 잊어먹고(?) 매점에 가서 30개를 채우면 34개가 된다. 24-20+30=34

⑭ 건빵 중 8개를 새한테 주면 16개가 남는다. 24-8=16

보는 바와 같이 건빵 사고력 ①에서 ⑭까지는 쉬운 것부터 순서대로 한 것도 아니고 그저 자기가 상상하고 싶은 대로 열심히 했음을 알 수 있다. 아이의 상상력을 따라가다 보면 얼마나 다양하고 자유로운지 알 수 있을 것이다.

아이들은 건빵 24개를 가지고 머릿속으로 나누기도 하고 남에게 주기도 하고 더 사서 보태기도 한다. 또 부족한 부분은 얼마인지 알아보기도 하며 심지어 건빵이 썩기도 하고 잃어버리기도 한다. 그것을 채우려고 매점에 가기도 하며 급기야 새한테도 나누어 준다.

초등 수학의 백미는 이런 활발하고도 기발한 사고력을 키우는 데 있다. 이런 능력은 계산 문제만 잔뜩 실린 문제집을 시간을 초과 달성하며 잘 푼다고 길러지지 않는다. 오히려 그렇게 풀면 풀수록 사고력의 활력은 떨어지고 체계는 망가지며 감정적으로는 수학이 싫어진다. 그런데 1학년 때부터 사고 훈련을 한 이 아이의 자료에는 교사의 지도 흔적이 별로 없다. 교사가 끼어들 새도 없이 이 아이의 사고가 흐르기 때문이다.

다음은 어떤 상황을 설정하고 거기에 맞는 수학적 사실이나 추측을 생각하게 한 자료이다.

문제 2. 터널 길이는 800M이고 그 터널을 지나갈 기차의 길이는 160M이다.

등호 사용, 단위 처리, 계산의 정확도 등 수학적 완성도는 떨어지더라도 아이의 생생한 사고 과정과 활발한 사고력을 느낄 수 있다.

① 터널을 기차가 완전히 지나가려면 960M를 지나가야 한다. 800+
160= 960M

☞ 건빵을 이리저리 나누고 보태고 새한테도 주던 아이의 머릿속에는 기차가 달
린다. 기차가 달리면 철교도 지나고 터널도 지나게 된다. 당연히 철로를 따라 달려
야 하므로 그렇다. 그래서 기차 문제에는 다리, 터널이 등장하지 않을 수 없다. 이보
다 더 거리, 속도, 시간이 잘 버무려진 상황이 또 있을까. 이 아이 머릿속에는 기차가
터널을 시원하게 달리고 있기에 수학적 설정만 바뀔 뿐이다. 다음을 보자.

② 만약 속도가 5m/초라면 기차가 터널을 지나는 데에는 192초(3
분 12초)가 걸릴 것이다.

☞ 이 문장은 수학 조건이 충분하지 않으나 문맥으로 보아 아이의 사고는 터널의
길이 + 기차의 길이를 염두에 두고 해결한 흔적이다.

③ 터널 길이가 기차 길이보다 640m 더 길다. 800-160=640m

④ 기차가 '초당 10m로 움직인다면' 기차가 터널 앞에서 터널 끝
까지 완전히 지나는 데는 96초(1분 36초)가 걸린다. 960÷10=96

☞ 이런 장면은 형상화하기 어려운 문제이다. 왜냐하면 사고의 대상인 기차가 움
직이기 때문이다. 사고로 순간 정지의 상태를 상상해야만 한다. 그래야 어려운 문제
인 '기차가 터널을 완전히 통과한'이란 문제를 풀 수 있다.

⑤ 만약 기차가 8칸으로 나누어져 있다면 1칸의 길이는 20m일 것
이다. 160÷8=20

⑥ 터널 가운데 무지개가 있고, 무지개가 없는 구간이 750m라면 '무
지개가 있는 구간'은 50m일 것이다. 800-750=50

⑦ 터널에 100m 간격으로 비상구가 있다면 (비상구 문 면적 제외) 비상구는 7개일 것이다. $800 \div 8 - 1 = 7$

☞ 이 식을 보면 아이들이 어려워하는 간격 문제를 이미 사고로 해결하고 있음을 알 수 있다.

⑧ 만약 터널 길이의 2배 길이인 기차가 이 터널을 초속 10m 속도로 지나간다면 240초(4분)가 걸릴 것이다. $800 \times 2 \div 10 = 240$

☞ 이보다 더 사실적 상상이 있을까? 비록 틀린 식을 전개한 것이지만 여기서는 아이의 것을 그대로 옮겨 적었다.

⑨ 터널 길이 + 기차 길이는 960m이다. $860 + 160 = 960$

⑩ 터널의 길이는 기차 길이의 5배이다. $800 \div 160 = 5$

⑪ 만약 기차가 3초 만에 터널을 지나가려면 초속 320m로 달려야 한다. $960 \div 3 = 320$

⑫ 기차가 터널을 한 바퀴 도는 데 걸리는 시간이 176초라면 초속 10m일 것이다. $(800 \times 2 + 160) \div 176 = 10$

⑬ 만약 기차가 0.1초 만에 터널을 지난다면 그 속도는 9600m/초일 것이다. $(800 + 160) \times 10 = 9600$

이렇게 사고하며 수학을 공부하게 되면 연산 따로, 사고력 따로, 교과 따로란 말을 이해할 수 없게 된다. 사고는 따로따로 움직일 수가 없다. 연산 연습을 할 동안 일반 교과를 이해하는 사고력은 어디에 있어야 하며, 소위 어려운 사고력 문제를 풀 때 등장할 사고력은 또 어디에 있어야 하는가.

사고의 통합적 특성에 비추어 보면 초등 사고력 수학은 위에 기술한 것과 같이 그림이든 언어든 수식이든 전천후 사고 활동력을 키우고 난 후 사고력 문제집을 푸는 것이 효과적이다. 역설적으로 어릴 때부터 사고력 문제집을 많이 푼 아이치고 어려운 사고력 문제를 시원시원하게 해결하는 것을 보지 못했다. 좋아하는 아이는 더더욱 보지 못했다.

참고로 앞에서 예시한 NPNP 활동으로 '문일지역'의 능력을 보인 아이는 1학년 때 처음 왔다. 결과만 보면 원래 똑똑한 아이가 아니었을까 싶겠지만 사고 에너지는 많으나 정리가 안돼서 산만하기 짝이 없는 아이였다. 시끄럽든 말든 활동 반경이 큰 아이는 일단 에너지가 많음을 알고 있었기에 걱정은 하지 않았다.

아마도 ADHD 판정을 받은 아이 중에도 이런 아이가 많지 않을까 싶다. 이런 아이는 본인의 우수하고 들끓는 에너지를 높은 수준의 지적 활동으로 바꾸어 주면 희한하게도 금방 조용해지고 놀라운 집중력까지 뿜어낸다. 그렇지 못하면 초특급 대형 자동차 엔진에 경차 기름을 주어 덜컹거리기만 하고 앞으로 나가지 못하는 것과 같다. 아이의 지적 능력에 맞지 않은 수준의 문제와 학습량을 제공하는 것도 넓은 의미에서는 아동학대에 속한다.

4장

초등 수학, 이것만은
유의하자

01

허술한 선행은
오히려
훼방꾼이 된다

"아이들에게 선행을 시키는 이유는 뭘까?"

이 질문을 다음과 같이 바꾸어 보자.

"지금 현재 옆집 아이가 선행을 하지 않는다면 당신은 어떻게 할 것인가? 마음이 좀 덜 급할 것 같은가?"

그래도 선행을 시키고 싶다면 한 번 더 묻겠다.

"왜 선행을 시키는가?"

나중에 어려운 문제를 풀 때 시간 단축을 바라는 마음인가? 거기 다 정확도까지 높은 금상첨화를 기대하면서? 그렇게만 된다면 정말이지 얼마나 좋을까? 그런데 정말 그 방법으로 선행이 최선일까? 결론은 물론 그렇지 않다.

　기초가 탄탄하지 못한 선행은 아이에게 끝없는 조바심과 불안감을 심어 준다. 심지어 대충 알고 있는 선행지식은 다음 사고에 쓸데없는 간섭까지 일으킨다. 사고의 동물인 인간은 제대로 알지 못하는 선행지식일지라도 관련 정보가 들어오면 즉각 그를 토대로 사고하기 때문에 허술한 선행은 훼방꾼이 된다.

　논리가 빈약한 채 반복에 의지한 선행은 오히려 아이를 괴롭힐 수 있다. 아이의 장래를 위해 없는 돈과 시간을 들여 최선을 다했을지라도 결과는 그렇다.

　선행의 부작용이 있음에도 불구하고 그 장점을 무시할 수는 없다. 다만 훨씬 더 정교하고 제대로 해야 한다는 전제하에 말이다. 예습이니까 대강 알아 두기만 해도 어차피 한 번 더 할 거니 나쁘지 않을 것

이라고 가볍게 생각해서는 안 된다. 아무리 잘하는 아이라도 그렇다. 탄탄한 논리 위에 무리 없는 선행만이 효과적이다. 그러려면 욕심을 버리고 아이를 봐 가며 선행을 해야 한다.

아무리 느린 아이라 하더라도 한꺼번에 여러 칸은 올라가지 못해도 한 칸은 쉽게 올라가지 않겠는가?

02

학년별, 영역별 전략이 필수다

　다음은 현 초등학교 수학 교육과정의 주제별 구조도이다. 이 교육과정대로 공부해도 여차하면 학력 저하가 생기기 쉬운 구조상의 한 계점을 알면 도움이 될 것이다. 각 영역이 학년별로 배치된 교육과정표를 보자. (총 5개 영역- 수와 연산, 도형, 측정, 규칙성, 자료와 가능성)

수와 연산

영역	핵심 개념	학년(군)별 내용		
		1~2학년	3~4학년	5~6학년
수와 연산	수의 체계	네 자리 이하의 수	다섯 자리 이상의 수 분수 소수	약수와 배수 약분과 통분 분수와 소수의 관계
	수의 연산	두 자리 수 범위의 덧셈과 뺄셈 곱셈	세 자리 수의 덧셈과 뺄셈 자연수의 곱셈과 나눗셈 분모가 같은 분수의 덧셈과 뺄셈 소수의 덧셈과 뺄셈	자연수의 혼합 계산 분모가 다른 분수의 덧셈과 뺄셈 분수의 곱셈과 나눗셈 소수의 곱셈과 나눗셈

자연수의 수 체계를 분수와 소수로 확장시켜 사칙 연산을 배운다. 여기서 자연수와 소수 연산은 철저히 10진법을 따르고, 분수는 단위가 임의로 변하기 때문에 초등 수학에서는 분수 정복이 어렵다. 따라서 분수에 대한 이해와 연산은 꼭 따로 공부해 두어야 한다.

도형

영역	핵심 개념	학년(군)별 내용		
		1~2학년	3~4학년	5~6학년
도형	평면 도형	평면 도형의 모양 평면 도형과 그 구성 요소	도형의 기초 원의 구성 요소 여러 가지 삼각형 여러 가지 사각형 다각형 평면 도형의 이동	합동 대칭
	입체 도형	입체 도형의 모양		직육면체, 정육면체 각기둥, 각뿔 원기둥, 원뿔, 구 입체 도형의 공간 감각

　평면과 입체의 구성 요소와 포함 관계 및 길이, 넓이, 부피의 수학적 처리 능력을 길러 응용력으로 발전시킨다.

측정

영역	핵심 개념	학년(군)별 내용		
		1~2학년	3~4학년	5~6학년
측정	양의 측정	양의 비교 시각과 시간 길이(cm, m)	시간, 길이(mm, km), 들이, 무게, 각도	원주율 평면도형의 둘레, 넓이 입체도형의 겉넓이, 부피
	어림하기			수의 범위 어림하기 (올림, 버림, 반올림)

수학 활동의 구체적 대상으로서 길이, 무게, 들이, 시간, 넓이, 부피 등의 속성을 구별하고 양의 수치화와 적용, 발전하는 능력을 기른다.

규칙성

영역	핵심 개념	학년(군)별 내용		
		1~2학년	3~4학년	5~6학년
규칙성	규칙성과 대응	규칙 찾기	규칙을 수나 식으로 나타내기	규칙과 대응 비와 비율 비례식과 비례 배분

패턴이라고도 하며 함수 개념의 기초가 된다. 여러 현상을 주의 깊게 탐구하고 수학적으로 처리하는 능력을 기른다.

자료와 가능성

영역	핵심 개념	학년(군)별 내용		
		1~2학년	3~4학년	5~6학년
자료와 가능성	자료 처리	분류하기 표 ○, ×, /를 이용한 그래프	간단한 그림그래프 막대그래프 꺾은선그래프	평균 그림그래프 띠그래프, 원그래프
	가능성			가능성

통계와 확률의 기초가 되는 자료의 수집과 분류, 정리 해석을 배운다.

학년별로 전 영역을 간단히 정리하면 다음과 같다.

영역	학년(군)별 핵심 내용		
	1~2학년	3~4학년	5~6학년
수와 연산	수의 체계, 수와 연산		
도형	평면도형, 입체도형		
측정	양의 측정: 시간, 길이, 들이, 무게, 각도, 넓이, 부피 등 단위 어림하기: 올림, 버림, 반올림		
규칙성	규칙과 대응, 비와 비율, 비례식과 비례 배분(함수 개념의 기초)		
자료과 가능성	평균과 그래프, 자료의 해석		

이렇게 영역과 학년이 교차적으로 구성되어 있으므로 종합적 통찰 없이 그저 남이 푸는 문제집만 들고 쫓아가다 보면 '여긴 어디? 난 누구?'처럼 자기의 현주소를 모르기 쉽다.

전 학년이 대부분 비슷하지만 3학년을 예로 들어 보자.

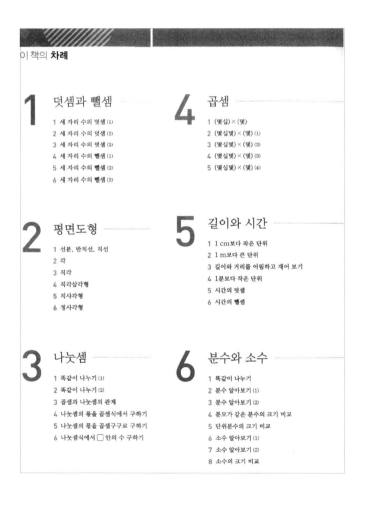

전 학년이나 학기에서 배운 개념들은 충분히 안다는 전제하의 교육과정이다. 한 달에 한 단원 이상을 꼬박꼬박 나가야 학교행사나 휴일이 끼어도 6개 단원을 소화할 수 있게 짜여 있다. 가만히 보면 첫 단원인 덧셈, 뺄셈을 좀 할 만하면 둘째 단원 도형으로 갔다가 도형 좀 할 만하면 나눗셈, 곱셈으로 넘어가고, 그것 좀 익숙해지려는 순간 길이와 시간, 그러다가 분수, 소수로 끝난다. 한 학기가 끝나는 것이다.

이런 구조로 교육과정이 구성되어 있기 때문에 학년 진도만 쫓아가다 보면 영역(주제 또는 계통이라고도 한다.)별 개념이 조금씩 부실해도 모르고 지내다가 나중에 고생하기 쉽다. 특히 분수 개념은 꼭 따로 확인하기를 권한다. 그래야 고학년의 비와 비율, 통계, 함수, 방정식 등 전 분야에서 힘을 받을 수 있다. 아무리 다 알아도 시험공부는 따로 해야 하는 것처럼 아무리 사고력이 활발한 아이라도 학년별과 영역별로 전략과 연습이 필요하다.

03
선택과 집중이
필요하다

정말 수학을 싫어하는 4학년 아이에게 다음 주부터는 하루에 3시
간씩 공부해 보라고 했더니 눈물을 주르르 흘렸다. 너무 길게 느껴
졌던 것이다. 그동안 다른 곳에서 초등은 집중 시간이 짧아 매일매
일 조금씩 하는 것이 효과적이라는 전제하에 하루에 1시간씩 공부
를 해 온 아이였다.

물론 그렇게만 해도 잘하는 아이도 있지만 그런 아이가 얼마나 될
까? 대부분은 그 정도로는 부족하다. 그 아이에게 긴 시간을 한곳에
머물러 보라고 제안했던 이유는 다음과 같다.

    아이를 너무 시간 단위로 쪼개어 학원을 보내면 한 곳에서 일어났던 사고가 어떤 논리와 개념으로 정착되기도 전에 다른 곳으로 이동하는 바람에 애써 일으킨 사고가 자동 소멸하기 쉽다. 이런 현상이 반복되면 뭔가 이것저것 한 것은 많은데 남는 게 없는 아이로 자랄 수 있다.

    사고는 처음부터 논리적이지는 않다. 오히려 '이것은 ~이지 않을까?', '~이 ~보다 클 것 같은데?', '~이 ~보다 작다니 아마도 ~ 거야.' 등 감정이나 느낌에서 얻은 아이디어가 점점 논리적으로 발전한다. 그러므로 직관에서 출발한 사고를 연속적으로 높은 단계로 발전시키는 사이클이 중요하다.

    따라서 시간별로 학원을 다니는 아이의 사고가 생성→분석→발전의 단계를 거치고 있는지, 아니면 중간에서 단절되는지를 점검해 볼 필요가 있다. 아이들의 사고는 컴퓨터에 꽂아 클릭만 하면 바로 실행되고 작업한 뒤 버튼만 누르면 바로 저장되는 USB가 아니다. 그러니 여러 가지를 다 배우라고 학원을 이곳저곳 보내는 동안 아이는 사실 하나도 제대로 못 배우면서 이동만 하고 있는 것이다. 한 끼 밥도 뜸 들이는 과정이 필요한데 사고도 뜸 들여 가며 숙성시킨다면 얼마나 효율적일까? 특히 사고의 단계적 흐름이 중요한 수학은 더욱 그렇다.

수학 공부의 중요성에 대해 강조하면 부모들은 하나같이 시간이 없다고 하소연한다. 수학 하나, 영어 하나, 운동 하나만 보내도 아이가 바쁘다는 것이다. 거기다 음악이나 미술까지 곁들이면 자기도 모르게 아동학대에 가까운 일정을 돌리는 부모가 되어 있다고 한다. 이럴 때 필요한 것은 선택과 집중이다. 하고 싶은 것과 할 수 있는 것은 다르지 않은가?

사고력은
오감을 통해야
작동한다

자! 지금 당신의 눈앞에 소라가 하나 놓여 있다고 하자. 그것을 보는 순간 당신의 머리에는 무엇이 떠오르는가? 소라 하나 보고는 뭐가 딱 떠오르지는 않을 것이다.

이번에는 어디서 비릿한 냄새가 코를 찌른다고 하면 어떤가? 아까 소라만 봤을 때보다는 좀 더 사고하기가 쉬울 것이다. 벌써 정보가 2개가 되었으니까…. 소라만 보았을 때는 '바다와 관계 있지 않을까?' 했던 추측이 좀 더 바다에 가까워질 것이다. 2개의 정보만으로도 당신의 사고는 그것의 공통점을 찾고 있기 때문이다.

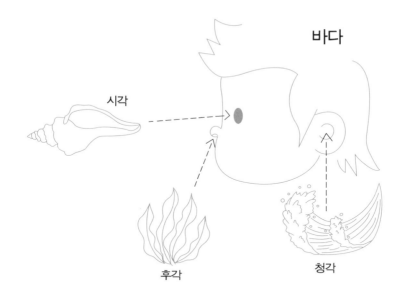

바다

시각

후각

청각

　여기에 더해서 어디서 철썩거리는 파도 소리가 들린다고 하면 당신의 사고는 점점 또렷하게 바다로 굳어질 것이다. 이처럼 우리는 무엇을 보든 듣든, 심지어 냄새만 맡아도 사고를 할 수밖에 없는 동물이다.

　어느 쪽에서 부어도 어차피 병 속으로 떨어지는 깔때기의 물처럼 어떤 정보든 그것의 최종 처리는 사고가 한다. 그러므로 초등 수학의 학습 목표는 진도 나가기보다 훨씬 더 사고력 신장에 맞춰져야 한다. 뇌과학자들은 사고의 속도는 가늠할 수 없을 정도로 빠르고 어릴수록 활발하다고 한다.

　이런 사고의 특성으로 미루어 볼 때 수학 지도는 더 조심해야 할 것이 있다. 문제 풀이 방법을 기억해서 잘 푸는 것과 풀어 보지는 않았지만 자기 사고 능력으로 해결하는 것은 별개의 이야기인데 무조건 잘하기만 하면 사고력이 늘어난 것으로 착각하기 쉽다는 것이다. 그래서 아이의 사고가 망가지고 있는데도 무조건 더 많이 시켜서 아이를 무뇌증 환자처럼 멍한 상태로 만드는 경우도 많다.

아직은 구체적으로 증명할 수 없지만 요즈음에 특히 ADHD가 많은 이유도 기계적 학습과 관련이 있을 것으로 보인다. 무언가를 골똘히 생각하는 아이가 여기저기 떠들면서 돌아다니는 것을 본 적이 없다. 로댕의 '생각하는 사람'이 산만해 보이는가?

로댕의 생각하는 사람

다른 이야기 같지만 이처럼 예민하고 집요한 사고 능력도 오감을 통한 자극이 없으면 작동하지 못한다. 그래서 영유아 책은 저마다 오감을 자극하여 사고 발달에 주안점을 두고 있다. 당연하다. 그렇다면 초등 학습에 사용되는 교수법, 교재, 교구도 결국은 사고라는 독특한 능력을 최대한 발휘할 수 있게 개발되어야 한다.

그런 관점에서 보자면 촉감이나 냄새가 거세된, 때로는 소리도 약화된 거대한 지식창고인 태블릿PC는 얼마나 깊은 사고를 자극할까? 단기간에 편리하게 지식을 습득해야 할 일이 아니라면, 특히 어린아이에게는 무엇보다 직접 보고 듣고 만지는 오감 자극을 우선으로 해야 하니 태블릿PC 사용에 민감해야 한다.

코로나로 인한 현장학습의 대체재로 사용된 전자 교구의 엄청난 기능과 물량에 아이들의 자연적이고 섬세한 사고력이 사라져 가고 있다. 미래 가치가 오히려 미래 상실로 바뀌어 나중에는 점점 응용력이 떨어지고 산만해지고 무기력해질 것이다. 당장 드러나지는 않지만 그럴 것이라고 충분히 예상할 수 있다. 전자 교구의 부작용에 대해 논의할 새도 없이 코로나 때문에 우리 턱밑까지 쳐들어온 전자 교구에 대해 지금부터라도 효과적인 활용법과 문제점을 보완할 수 있는 방법을 연구해야 한다.

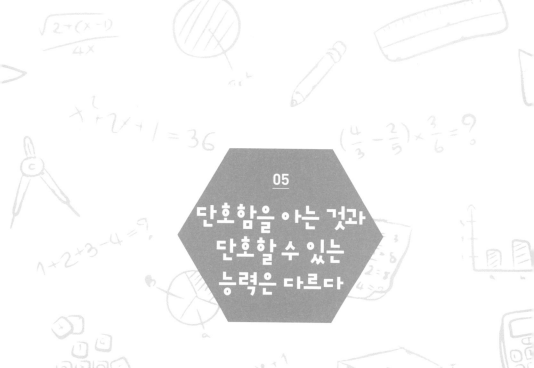

05

단호함을 아는 것과 단호할 수 있는 능력은 다르다

잊히지 않는 장면 하나가 있다. 초등 2학년 아이를 데리고 온 엄마가 아이를 두고 잠깐 나갔다 와야 할 사정이 생겼다. 약 5분 정도면되었는데 아이는 엄마와 떨어지는 것이 불안해 보였다. 엄마가 아이에게 말했다.

"너 엄마 따라갔다가 올래? 여기 있을래? 차에 가서 뭘 좀 가져와야 할 일이 생겼어."

아이는 망설이더니 기다리겠다고 했다. 그러면 갔다 오면 될 것을엄마는 자상하게 덧붙여 말했다.

"그럼 너는 어디서 기다릴래? 여기서? 저기서? 아니면 밖에서?"

주차장에 갔다 오는 시간에 아이는 있던 자리에 그대로 있으면 될 것 같은데 아이의 마음을 읽어 주느라 애쓰는 것 같았다. 그때 아이가 의아해하던 표정이 오래도록 기억에 남아 있다.

이처럼 굳이 안 물어도 될 때 물으면 아이가 대답을 못하듯이 수학 공부도 어떨 때는 그냥 시켜야 할 때가 있다.

"수학머리 없는데(사실 수학머리 없는 사람은 없지만) 시켜도 될까?"

굳이 이런 교육적인 배려를 하느라 억지로 시키는 것은 다 비교육적이라는 이상에 매이게 되면 공부를 시키는 것 자체가 죄악시되어 아이에게 끊임없이 묻게 된다.

"너 이것 할 때 마음이 어떠니?"

"이 정도는 할 수 있겠지?"

그 밖에도 "이것만 하면 뭐 해 줄게." 식의 당근형, "너의 공부가 엄마의 소원이다."라는 비굴에 가까운 읍소형, "너의 장래에 지대한 영향이 있을 거야."라는 미래 설득형, "너 정 그러면 혼낸다."는 협박형 등 인간의 머리로 짜낼 수 있는 온갖 지혜로 달래고 으른다.

그런데 그냥 이 정도는 사람으로 태어나서 당연히 하는 것이라는 단순한 결정은 어떨까? 부모가 망설이거나 복잡하면 아이들은 본능적으로 안다. 꼭 수학에만 국한하는 것도 아니다. 공부는 어느 정도 의무이다. 배우는 내용이 중요한 게 아니라 공부 과정에서 절제하고 집중하며 끈기 있게 목표를 이루어 나가는 힘을 기를 수 있기 때문이다.

행복은 성적순이 아니지만, 자라는 과정에서는 모름지기 배우고 공부해야 한다. 공부시키는 것이 왜 아이에게 미안해야 하는 일인가? 급기야 시험 끝나는 날은 아이가 무슨 거사를 치르고 온 것마냥 해방감에 젖어 갑질을 한다. 시험 치느라고 수고하고 시험을 마쳐서 홀가분한 아이의 기분도 이해한다. 하지만 이게 과하면 공부하는 것이 자식이 부모에게 베푸는 시혜가 된다.

화나면 공부 안 할 거라는 아이, 성적이 올라 부모한테 10만 원 받았다고 자랑하는 아이, 전교 1등 하면 부모가 유럽 여행시켜 준다고 했다는 아이…. 어쩌다가 이렇게 됐을까? 조건 없이 그냥 공부를 시키자. 아이에게 사람은 공부하는 것이라고 단호하게 말하자. 아이에게 단호하게 하는 것도 연습이 필요하다.

어린아이라고 세상 이치를 모르지 않는다. 한번은 아이들에게 "얘들아, 공부해라. 공부 안 하다가 죽은 귀신은 있어도 공부하다가 죽은 귀신은 없다."라고 말했다. 그때 아이들의 반응이 너무 놀라웠다. "뭐예요! 또 잔소리?"라고 싫어할 줄 알았는데 "와! 명언이다, 명언!" 이란 말을 했다. 초등 2~3학년 아이들의 반응이다.

06

고기 떼를 쫓기 전에 먼저 좋은 그물을 만들어라

아이들은 바쁘다. 영어 학원, 수학 학원, 운동, 예능까지 하고 나면 파김치가 된다. 어릴수록 배우는 가짓수가 많다. 고학년이 되면 학습에 올인해야 해서 그나마 시간이 좀 많은 저학년 때 이것저것 시키는 것이다. 훌륭한 전략이다. 그러나 아이가 그것을 간직할 마음의 여유와 지력, 체력이 되는지를 먼저 점검해 보자.

잘 정비된 그물은 고기 떼를 잡기 위하여 모양을 자유자재로 바꾸면서도 들어온 물고기도 잘 건사하는 유연성과 견고함을 동시에 가진다. 이를 사고에 적용해 보면 고기 떼는 정보, 그물은 사고력이다.

뇌 속에 어떤 정보가 들어오면 사고는 빛보다 빠르게 검색, 탐색, 비교, 분석, 제거, 추리, 판단 등으로 새로운 정보를 창출한다. 또 가치 있는 것은 메모하고 저장까지 한다.

이때 사고의 질은 특정 지식을 기계적으로 많이 습득한 아이보다 다양한 경험으로 자연스럽게 습득한 아이의 것이 우수하다. 좋은 그물인 셈이다. 그러나 그런 그물이 되기까지는 시간도 걸리고 방법도 다양하다.

난감한 것은 그냥 공부를 많이 한 것과 제대로 한 것의 구별이 어렵다는 것이다. 많이만 하면 언젠가는 뻥 뚫리지 않을까 싶으나 스포츠 선수가 잘못된 자세로 연습만 열심히 한다고 해서 실력이 오르지 않는 것처럼 수학 실력도 언젠가는 멈춘다. 그것을 공부 양으로 뚫다가 지치면 수포자가 되는 것이다.

심지어 시험 기간에 벼락치기 공부로 점수가 높은 아이에 비해 유연한 사고력을 가졌으나 시험 점수는 낮은 아이는 갈 곳이 없고 증명받을 길이 없다. 벼락치기로도 점수가 높은 아이의 능력은 한계가 있고, 수학은 그 한계가 뚜렷한 과목이다.

그러나 현실은 시험 점수가 실력이니 학원에서는 알든 모르든 일단 답이 나오게 가르치는 수밖에 없다. 시험 범위를 7번 돌렸느니 8번 돌렸느니 하는 횟수가 비법으로 회자되니 공부가 얼마나 따분할까.

구구단,
차라리 모르는 게
낫다

초등 2학년 학부모가 상담에서 말했다.

"저희 아이는 곱셈은 마스터했어요."

아마도 구구단은 완벽하게 외우고 있다는 뜻 같았다. 하지만 노래처럼 흥얼거리는 구구단은 정작 문제에 적용해야 할 때 무용지물이 되기 일쑤이다. 곱셈은 같은 수의 반복적인 덧셈이라는 원리적 이해 없이 노래만 부르는 아이는 노래 가사대로 나오는 문제는 맞힐 수 있어도 문장제 문제나 정작 곱셈을 활용해 풀어야 하는 응용문제는 해결하지 못한다.

그럼 어떻게 해야 좋을까? 끝없이 더하기를 시켜야 한다. 더하기를 하면서 끙끙거린 시간은 고스란히 아이의 사고력으로 쌓이지만 달달 외운 구구단은 잊어버리면 그만이다.

다음은 구구단을 외우지 않은 아이의 흔적이다.

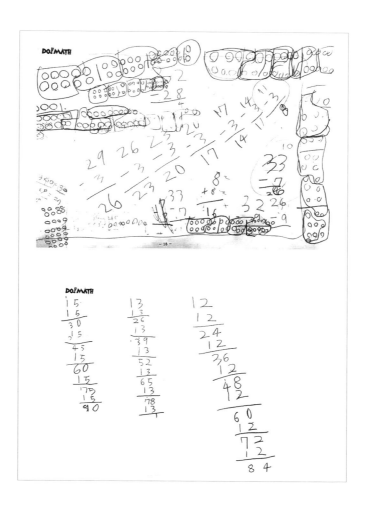

지금은 구구단은 물론 '몇십×몇'도 이치를 생각하여 해결하고, 모르면 바로 끙끙거리면서 자신만의 사고력을 발동시키는 아이가 되었다.

앞의 그림은 아주 초창기의 흔적이다. 그것을 하던 과정 중에 연산에 관한 사고가 꿈틀거리고 또 튀어나오려고 몸부림쳤기에 지금은 더 큰 수도 본인이 해결한다. 스스로 해 본 아이는 그렇게 하게 된다.

이런 아이를 보면 바닷가 조개가 제 몸속에 들어온 돌멩이에 자기의 진액을 발라 가며 이윽고 진주를 만들어 낸다는 이야기가 생각난다. 생각의 진주를 만드는 과정이 지난하고 단단할수록 다음 단계의 학습 역량이 축적된다.

특히 초등 수학은 문제의 답을 알아내는 것이 목표가 아니다. 답을 알아내기 위해 아이가 할 수 있는 모든 행위, 예를 들어 "이걸 어떡하지?", "몇 번을 더 해야 하나?", "지난번에 했던 것과 비슷하네?", "자릿수는 맞게 해야겠다.", "약 얼마쯤 나올까?" 등 사고가 일어나는 과정을 충실히 겪어야 한다. 그러는 중에 아이의 머릿속에서는 고민, 짐작, 확증, 깨달음, 지난번에 했던 것과 공통점 발견, 자신감 등이 종합적이고 복합적이며 동시다발로 일어난다. 궁극적으로는 아이가 그것을 자신의 지식으로 저장하고 그다음 문제를 해결하는 데 요긴한 능력으로 준비하는 것이 초등 수학의 목표이다. 이런 목표를 모르면 연산을 하는 아이에게 초시계를 들이대며 눈을 부라리게 된다.

낮은 단계에서 사고 과정을 많이, 그리고 충실히 겪은 아이는 수학을 잘하지 못하는 아이였을지라도 어느새 중급을 지나 상급에 가 있다. 반대로 이해도 빠르고 구구단도 금방 외워 기대를 잔뜩 하게 만드는데 끝없이 기대만 하게 하고 성적은 생각보다 오르지 않는 아이로 크는 경우도 많이 본다. 이런 아이는 소위 '머리는 좋은 데 노력을 안 하는' 아이로 낙인찍히기 쉽다.

그런데 이것을 '머리는 좋은 데 노력을 못하는'으로 바꾸어 생각해 보자. 구구단도 잘 외우고 가르쳐 주는 대로 문제도 곧잘 풀었던 아이는 그러느라 그만 자기 고뇌의 시간이 부족해서 힘에 겨운 문제는 노력을 안 하는 게 아니라 못하는 아이로 세팅되었을 수 있다. 그런 아이에게는 차라리 구구단이 없었더라면 더 좋았을 것이다.

혹시 지능이 낮은 아이의 이야기가 아닌가 싶겠지만 뛰어나게 우수한 아이를 제외하면 누구나 이 범주에 있다. 특히 지능이 나쁘지 않았기에 공부를 곧잘 하던 아이일수록 고학년이 되면 길을 잃어버리고 서서히 수학에서 멀어져 간다. 단순한 암기나 얕은 이해력으로 수학을 잘하기에는 수학은 너무도 추상적이고 논리적이기 때문이다.

그렇기에 적어도 초등 4학년까지 훈련된 사고력 없이 얼기설기 진도만 나간 아이들은 다 걸리게 된다. 좀 더 빨리 넘어지느냐 나중에 넘어지느냐의 차이이지 최강의 실력을 자랑하지는 못한다. 중학교에 가면 영어, 수학 둘 다 하기 힘드니 초등에서 영어를 완성시키고 수학은 중학교에 가서 맹렬히 공부한다는 계획을 세운 경우가 많다. 그런데 초등에서 사고력을 기르지 못하면 나중에 고액과외를 받는다고 해도 해결이 안 된다. 호미로 막을 일을 가래로 막는 격이다.

다시 한 번 강조하지만 초등 시기는 겨우 1, 2, 3, 4를 더하고 빼는 것이 아니라 튼튼한 사고력을 기를 수 있는 최적기이다. "그 어린 것을 문제 풀이에 내몰다니….."가 아니다. 어릴수록 사고가 활발하고 유연하다. 그러니 그 시기를 다 보내고 나서 "그 어려운 수학을 하다니…." 하지 말자는 것이다. 그럼 겨우 외운 구구단은 어떻게 하나? 괜찮다. 곱셈이 덧셈임을 알면 저절로 자기 실력으로 승화될 것이고, 저절로 외워지는 것은 더 좋은 일이다.

08
거스름돈으로
배우는 수학은
여전히 필요하다

    초등 1학년 아이가 문제를 모르겠다기에 같이 들여다보니 '마루'라는 말이 뭔지 몰라서 문제를 풀지 못한 것이었다. 요즘 아이들이 마루가 뭔지 모를 수 있는 것처럼 거스름돈이라는 말도 점점 사라지고 있다. 어디서나 카드로 계산하는 세상이 되니 그나마 연산이나 큰 수를 배울 때 거스름돈과 지폐로 예시되던 문제도 사라져 버리게 된 것이다.

    아직 카드가 일상화되지 않은 다른 나라의 교과서를 보면 거스름돈과 화폐로 된 수학 문제가 많은 데 비해 우리나라 아이들은 카드를 내면 되지 왜 배워야 하느냐고 되레 묻기도 한다. 심지어 동전을 눈앞에 놓고도 얼마인지 몰라 난감해하는 아이들이 늘고 있다.

경제 개념과 함께 화폐 단위의 종류, 카드 사용과 관련한 경제 활동에 대해 강조하고 가르치는 게 좋다. 사용하지 않는다고 유용하지 않은 것은 아니다. 특히 거스름돈 개념은 등식과 직결되어 있어서 중요하다. 내가 산 물건 값과 거스름돈이 내가 상인에게 준 돈의 액수와 완벽하게 같음을 증명하는 것이다.

거스름돈은 공정과 평등의 대표적 활동이다. 확실하고 평등한 거래를 거스름돈보다 더 실감 나게 배우기는 쉽지 않다. 그러므로 거스름돈은 아이들에게 계산을 위한 소재에서 한 단계 더 나아간 수학적 가치를 제시할 수 있다. 초등 4학년에 나오는 큰 수를 배울 때도 화폐를 사용할 수 있다.

이처럼 연산은 학습지 속에서가 아니라 생활 속에서 찾으면 훨씬 효과적이다. 그런데 화폐로 하는 연산은 책에서 다루기는 하지만 의례적 절차 정도로만 가르치기에 스쳐 지나가기 쉽다. 앞으로 카드를 없애고 현금을 쓰는 생활로 돌아갈 수는 없을지라도 거스름돈 개념은 수학의 교육적 의미와 소재로서 살아남기를 소망한다.

5장

초등 수학,
이것만은 알고 가자

01

학년별
깔딱 고개

다음 표는 학년별 깔딱 고개를 정리한 것이다. 이 단계에서 제대로 개념을 잡지 못하면 이후 심화, 응용 단계로 들어갔을 때 극복하기가 쉽지 않다. 하나씩 유념해서 살펴보자.

학년별	깔딱 영역	증상
유아, 초등 1학년	기호 해석과 받아 올림과 내림, 자릿수 개념	수학을 싫어함
2학년	두 자릿수의 연산 측정의 단위 구별	연산을 어려워하고 시간이 오래 걸림
3학년	어떤 수 생각하기 곱셈과 나눗셈	지문과 관계없이 아무 숫자나 계산
4학년	큰 수의 자릿수 개념 도형의 포함 관계 분수·소수의 연산	맞는 문제보다 틀리는 문제가 많아 짜증남
5학년	약수와 배수, 약분과 통분, 둘레와 넓이	해 보려고 해도 문제도 너무 많고, 어려워 손대기도 힘듦
6학년	비와 비율, 원의 넓이, 부피	들어도 무슨 말인지 모르겠고, 하기 싫음

⦂ 유아, 초등 1학년

숫자도 하나의 기호임을 느끼게 한다

이 책 전편에 걸쳐 강조하고 있는 것으로 수학 기호도 신호등처럼 강력한 의사전달 수단임을 느끼게 해야 한다. 거리에서 수신호대로 움직인다든지, 펴진 손가락 수대로 박수를 쳐 보는 일도 기호를 인식하는 힘을 기르는 데 도움이 된다. 또 기호는 약속이고, 약속은 지킬 때 가치가 있으며 지키지 않았을 때의 책임은 자신에게 있음도 함께 지도해야 기호에 대한 집중력이 높아진다.

+, -, ×, ÷ 같은 기호도 그와 같은 역할을 하는 표시일 뿐이라는 것을 알면 아이들은 주도적인 학습 능력을 갖게 된다. 마치 길을 갈 때 신호 체계를 모르고 부모가 끌고 가는 대로 가는 아이와 자기가 신호 체계를 알아서 움직이는 아이의 차이라고 할 수 있다.

받아 올림과 내림 그리고 자릿수

받아 올리고 내리는 방법을 개념 설명 없이 가르치는데 그러면 안 된다. 10진법이라는 규칙 때문에 10씩 묶어야 하고 그 묶음을 편리하게 나타내기 위해 자리를 옮기는 것뿐임을 분명히 알려 줘야 한다.

받아 올리고 내리는 법을 공부하기 전에 10개씩 묶는 연습을 하며, 묶음을 낱개의 윗자리에 올려야 하는 현실적인 필요성을 마음으로 먼저 받아들이게 한다. 그런 다음에 받아 올리고 내리는 기능을 익혀야 한다.

거듭된 반복을 통해 원리를 터득하면 두 자릿수든 세 자릿수든 부담 없이 할 수 있게 된다. 지루할 정도로 한 자릿수에서 묶어 올려 두 자릿수를 만드는 것을 확실히 알게 해야 한다.

그다음은 알고리즘에 따라서 해결할 뿐이다. 한 자릿수는 계산하는데 두 자릿수는 못한다는 말은 받아 올리는 개념과 자릿수의 필요성이 내적으로 완성되지 않은 아이에게 계산 방법만 가르쳤다는 말과 같다.

두 자릿수든 세 자릿수든 받아 올리고 내리는 규칙은 한 자릿수와 같다. 그것만 정확히 알면 쉬운 것을, 막연히 반복을 통해 큰 수로 넘어가자니 아이는 힘이 들고 부모는 애가 타고 화가 난다.

: 2학년

연산의 확장

1학년 때 한두 자릿수의 간단한 받아올림이나 받아내림의 개념이 완성되어도 좀 어려운 연속 받아올림이나 받아내림이 있는 경우에는 따로 연습할 필요가 있다. 이런 연습을 할 때는 단계를 훨씬 촘촘히 하여 쉬운 단계에서 기능을 완성하고 다음 단계로 가는 것이 좋다.

예를 들면, 답은 모두 100으로 아래와 같이 문제의 순서를 의도적으로 보여 준다.

95	85	75	65	55	45	35
+ 5	+ 15	+ 25	+ 35	+ 45	+ 55	+ 65

이런 식으로 연속 받아올림은 문제를 풀어 나가는 과정 자체에서 개념이 저절로 형성되도록 의도적으로 구성해 주면 좋다. 차이를 느끼지 못할 정도로 조금씩 난이도를 올리면 나중에 아이들이 '이제 그만하고 싶다. 다 알았다니까.'라는 반응을 보인다. 그런 다음에는 수를 좀 더 크게 해서 다음과 같이 연습한다.

195	185	175	265	255	345	435
+ 5	+ 15	+ 25	+ 35	+ 45	+ 55	+ 65

이런 식으로 공부한 아이는 아무리 수가 커져도 자신 있게 푼다. 이 정도까지 완성되면 연산에 가속도가 붙는다. 이 과정은 3학년까지 지도가 필요하다. 빼기도 아래처럼 더하기와 같은 방법으로 지도한다.

100	100	100	100	100
- 5	- 15	- 25	- 35	- 45

이런 식으로 연속 받아내림을 연습한 아이에게는 수를 좀 더 크게 해서 다음과 같이 연습한다.

200	200	200	300	300
- 5	- 15	- 25	- 35	- 45

이런 규칙을 가진 개념이 완성되면 더 큰 수와 더 다양한 수로 확장시키는 일은 쉽다. 어떻게 보면 학년은 상관없다. 이 개념은 1학년이라도 알 수 있고 3학년이라도 모를 수 있으니 학년별 깔딱 고개라고 이름은 붙였으나 결국은 사고가 되느냐 안 되느냐의 문제이다.

∶단위에 대한 인식

이제 기본 연산도 익숙해지면 생활 속에 존재하는 각종 측정 개념을 종류별로 연산할 수 있도록 확장할 필요가 있다. 예를 들어 수학책 한 권에도 길이, 둘레, 두께, 무게, 넓이 등 각기 다른 이름으로 존재하는 양量이 있음을 발견하도록 발문해야 한다. 그래야 둘레, 두께, 높이, 깊이 등은 존재하는 방법이 다를 뿐 속성은 모두 길이라는 것을 깨닫게 된다.

또 보이지 않는 시간은 시계 속에 있는 것이 아니라 만질 수도, 감출 수도, 멈출 수도, 되돌아갈 수도 없고 누구에게나 더도 덜도 아니게 공평하게 주어진다는 속성도 다루고 그에 맞는 단위를 배워야 할 때이다. 분, 초, 시간, 하루, 1일, 1주일, 1개월, 1년, 100년 등의 시간 단위는 다른 어느 단위보다 세분되어 있고 다양하다. 그만큼 인간에게 시간은 밀접하고 꼭 알아야 하는 개념이다.

2학년 때는 정시와 30분 간격 정도만 배우는데 실생활은 훨씬 다양한 시간 속에서 움직이므로 지도상의 어려움이 있다. 게다가 요즘에는 모든 시간이 디지털식 표현으로 바뀌는 추세라 인간과 시간의 밀접한 배경과 용도, 종류 등을 일관성 있게 배우지 않으면 아이들은 수학의 밀림에 점점 갇히는 느낌을 받을 수 있다.

그래서 시간 지도는 교사의 각별한 노력과 배경지식이 필요하다. 그런 다음에 길이, 무게, 시간 등의 측정값을 다루는 연산을 배워야 그게 무엇을 말하는지 알게 된다.

자세한 설명은 6장 '8. 단위가 왜 중요한가'를 참고하기 바란다.

: 3학년

고학년이 되면 미지수 또는 X값이라고 하면서 소위 방정식을 푸는 문제가 나오는데, 3학년 때는 X값이 '어떤 수'라는 이름으로 등장한다. 다양한 문제 속에 숨어 있는 어떤 수를 알아내는 일은 문제 푸는 방법을 배워서 푸는 아이들에게는 쉽지 않다. 소위 □ 속에 들어갈 수를 생각한다는 것은 치열한 사고를 요구한다.

눈에 보이지 않는 것을 생각으로 있다고 가정하는 일부터 쉬운 일이 아니다. 게다가 그 가정한 수를 지문에 제시된 조건을 통해 알아내는 일이므로 처음부터 끝까지 사고로만 해결하기에 3학년 아이들에게는 깔딱 고개가 된다. 그냥 주어진 문제를 계산하는 일이 아니기 때문이다. 이것을 잘하기 위해서는 듣는 연습이 최고다.

다음 내용을 문제로 제시하면 사고 에너지는 극렬하지 않고 평이해진다. 그러나 이것을 오직 듣고 머리로 상상만 하게 하면 문제집으로 풀 때보다 훨씬 치열하고 집중도가 높아진다. 심지어 학습 흥미도 높아진다.

어떤 원숭이 우리가 있다고 하자.   가정

멀리서 보니 원숭이 12마리가 그 안으로 들어간다.   조건 제시

나중에 보니 원숭이가 모두 14마리가 되었다.   가정 추론 단서

처음 원숭이 우리에는 몇 마리가 있었는가?

이는 다음 구조와 같은 문제가 다음과 같다.

□+12=14

수식 문제를 아무리 많이 풀어도 응용력이 늘지 않던 아이도 □가 원숭이 우리인 줄 알고 나면 □ 문제를 보자마자 머릿속에 원숭이가 들락날락한다. 그런 식으로 원숭이 대신 사과를, 사과 대신 물고기를, 물고기 대신 몇 cm로 바꾸어 놓아도 어차피 '어떤 수'를 떠올리는 데는 같은 사고를 할 수밖에 없다.

이와 같은 이유에서 일단 문제를 듣고 그것을 머리에 상상하는 연습을 충분히 시키기 바란다. 저절로 아는 아이는 하지 않으면 된다. 이런 방법으로 상상하기를 많이 한 아이는 나중에 정말 저절로 잘한다.

곱셈

곱셈 개념은 따로 없다. 다만 덧셈의 구조가 확대된 것일 뿐이다. 곱셈은 형식을 가르치지 말고 연속 덧셈이 어떻게 자릿수별로 더해지는가를 알려 주면 된다. 요즈음은 각 문제집에 그 과정을 훈련시키

는 문제가 많이 보이는데 앞에서 2학년 연속 받아올림이나 연속 받아내림을 극복할 때와 같은 방법이 좋다. 어디까지나 묶어서 처리하되 자릿수를 올린다는 원리이다. 예를 들어 보자.

23×5라는 문제를 곱셈의 방법으로 가르치지 말고, 곱셈이 연속 더하기임을 정확히 알려 주어 해결하라고 해 보라. 귀찮기는 하지만 이 정도의 덧셈은 잘할 수 있으니까 부담이 없다. 이 문제를 해체해 보면 다음과 같다.

23	3 + 3 + 3 + 3 + 3 = 15
23	20 + 20 + 20 + 20 + 20 = 100
23	
23	이렇게 덧셈으로 해결해 보면 3×5에서 15를 얻고 그
+ 23	중 10은 소위 말하는 '위로 올려 준다.'라는 수학 행위

를 할 수밖에 없음을 발견하게 된다. 이런 식으로 덧셈 수를 크게 하며 연습한다. 이것이 능숙하게 되면 그때 곱셈 꼴에서 자기가 한 덧셈의 결과를 대조하면 된다.

이렇게 연습하면 처음부터 곱셈 방법을 배운 아이보다 나중에는 훨씬 빨리 계산하게 된다. 응용력까지 생긴 것을 발견할 수 있다.

설마 그럴까 싶겠지만 많은 아이가 그랬다.

나눗셈

나눗셈 역시 개념은 따로 없다. 다만 뺄셈의 구조가 확대되었을 뿐이다. 나눗셈의 원리는 연속 뺄셈에서 발견하게 하면 된다. 여기 2학년 아이가 공부한 흔적이 있다.

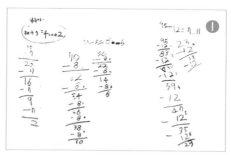

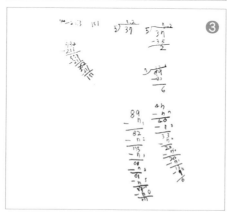

빼기와 나눗셈을 통합한 예

1번 사진은 70÷8의 문제에서 70-8-8-8-8-8-8-8-8까지 하면 더는 뺄 수 없음을 자동으로 발견하고 따라서 남은 수 6을 나머지로 해결한 흔적이다. 자세히 보면 숫자 8 옆에 뺀 횟수를 조그맣게 쓴 흔적도 있다. 나누기의 형식을 배우지 않은 아이답게 자기가 할 수 있는 뺄셈으로 끈질기게 해결하고 있고 교사의 지도 흔적은 없다.

이것을 경험한 아이는 2번 사진에서 좀 더 진화된 수학 능력을 보인다. 95÷12의 문제를 해결하는데 따로 (12+12+12+12+12+12+12)를 해서 84를 얻어서 한꺼번에 빼고 몫은 7, 나머지 11로 해결하며 나눗셈의 원리를 알아 가고 있다.

3번 사진은 벌써 784÷211을 저절로 해결한 흔적이다. 내친김에 이것도 할까 싶어서 즉석에서 세자릿수÷세자릿수 문제를 불러 주었다. 아이가 받아 적느라 흔적은 어지럽지만 개념이 정확하니 바로바로 해결한 모습이다. 곱셈과 마찬가지로 나눗셈 형식으로 배운 아이들보다 훨씬 빠르고 정확하다. 원리를 알고 있는 아이들은 당할 수가 없다.

: 4학년

큰 수

큰 수의 가장 큰 개념은 위치적 기수법이다. 말 그대로 위치를 바꾸어 같은 숫자로 다른 수를 나타내는 기술이다. 묶어 세기의 확장으로 일, 십, 백, 천이란 자릿수 용어를 반복해서 사용하는 것을 파악하게 한다. 개념은 복잡하지 않으나 용어가 아이들에게 까다로울 수 있으니 숫자로 쓰지 말고 한글로 다음과 같은 대조표를 만들고 수직선에서 나타내 보게 하면 구조가 머리에 들어온다.

천	백	십	일
천만	백만	십만	일만
천억	백억	십억	일억
천조	백조	십조	일조

예를 들어 55555555일 때 아무리 숫자가 많더라도 오른쪽부터 4개씩 끊은 후 일, 십, 백, 천을 대입하여 읽고 쓰게 하면 된다. 연습은 반드시 같은 숫자로 하고 익숙해지면 여러 가지 숫자를 섞어서 개념을 확장시키는 것이 효과적이다.

분수

사고의 대상 하나에 숫자 하나만 존재하는 자연수에서 사고 대상 2개의 관계를 한 숫자에 나타내는 방법이 분수이다. 동시에 나눗셈을 나타내는 도구도 된다는 것을 알려 주어야 한다. 교사는 이런 특별하고도 다양한 기능을 알고 분수를 가르쳐야 한다.

분수는 자연수처럼 고정값이 있는 것이 아니라, 사고 대상 2개의 관계를 나타내는 숫자이다. 이것을 알아야 나중에 통분, 약분도 수의 크기가 변하는 것이 아니라 숫자를 바꾸면 연산할 수 있는 상태로 바뀐다는 것을 알게 하는 것이 요지이다. 자연수에서 한 단계 높은 다양한 수를 다루는 기능을 익힘으로써 중학교 때 나오는 유리수 지도의 기틀을 닦는 것이다.

통분은 어디까지나 덧셈·뺄셈에 필요한 수학 행위이며, 약분은 복잡한 개념이 있는 것이 아니라 수를 간결하게 보기 위한 것이다. 그러다 보니 약분을 하지 않으면 답이 맞나 틀리나의 논란이 생긴다. 이것은 수학 교육의 목표가 어디에 있느냐에 따라 다르다. 요즈음에는 약분의 중요성은 그리 강조되지 않는다. 사고 과정이 중요하다는 점에서는 약분이 큰 의미가 없다. 다만 특별한 표기법의 분수를 약분하는 과정에서 곱셈, 나눗셈의 의미가 또렷해지는 효과는 있다. 어느 단원이나 마찬가지이지만 지도자가 해당 학년의 과정이 다음 학년 어디와 연계되는지에 대한 계통성을 알아야 한다.

소수

자연수의 10진법 규칙에서 표기법만 다르다는 것을 알려 주어야 한다. 소수의 덧셈, 뺄셈은 자연수처럼 같은 자릿수끼리 연산해야 하므로 소수점을 맞추는 것을 강조해야 한다. 이는 수학 활동 전반에 걸쳐서 반복하여 나타나는 사상으로 개체의 단위를 통일하지 않고는 더하고 뺄 수 없는 삶의 당위성을 여기서 경험할 수 있다. 그래야 곱셈, 나눗셈에서는 소수점을 맞추지 않아도 되는 이유가 분명해진다. 그렇지 않으면 쉬운 덧셈·뺄셈은 엄격하게 소수점을 맞추고, 어려운 곱셈·나눗셈은 소수점을 맞추지 않는 일에 감정적으로 혼란을 겪을 수 있다. 그리고 곱셈에서는 어떤 경우도 소수점이 움직이는 법은 없다.

예를 들면, 곱하기를 한 수가 커지거나 작아지면 수의 자리가 변하는 것이지 소수점이 이동하지는 않는다. 마치 버스를 타고 가면 가로수가 지나가는 것처럼 보여도 실제로는 버스만 움직이는 것과 같다. 소수점을 기준으로 수가 움직이지 소수점 자체는 움직이지 않는다. 그 이치를 설명하지 않고 소수 연산에서 소수에 100을 곱하면 소수점은 오른쪽으로 두 칸 옮기는 것이라고 가르치면 아이들은 계산할 때 '왼쪽으로 옮기라고 했나? 아니 오른쪽?' 이러면서 기억을 더듬다가 틀린다.

수학은 기억을 더듬는 것이 아니라 이치를 따지는 것이다. 그러므로 처음부터 제대로 하면 갈수록 쉬워진다. 그런데 초등 수학은 쉽다고 진도 나가는 데 급급해 하다가는 갈수록 어려워지는 상황이 벌어진다. 난감한 것은 되짚어 돌아가기가 너무 어렵고, 어디까지 돌아가서 다시 다지고 와야 하는지도 알기 힘들다는 것이다.

약수와 배수

약분, 통분, 최대공약수, 최대공배수는 공부를 하지만 뭐가 뭔지 알 수 없는 단원이다. 초등 수학 중에 이것처럼 무겁게 다가오는 용어가 있을까? 일단 용어 자체가 주는 중압감이 커서 많은 아이들이 가장 어렵다고 느낀다. 이런 현상은 분수에서 시작하는 것이 아니라 자연수에서 출발한다.

3+5는 왜 8인가? 그것은 다음과 같은 이유에서 그렇다.

$$3+5 = (1) \times 3 + (1) \times 5 = (1) \times 8$$

위 식을 보면 모든 덧셈의 기본 단위가 1로서 답으로 등장한 8은 기본 단위 1이 8개가 된다는 말이다. 그러나 연산 초기에는 아이에게 이와 같은 논리성을 지도하기 어렵고 자연수에서는 논리가 없더라도 직관으로 해결되기 때문에 '단위가 같아야 한다.'는 전제가 아이는 물론이고 교사조차도 뚜렷하지 않은 채로 통분에 도달하기 쉽다.

이런 논리성을 놓치고 방법만 가르치면 아이는 계산할 수는 있는데 왜 그런지는 알 수 없는 통분을 한다. 그러니 자연수에서 자릿수를 맞춘다든지 같은 단위끼리만 더하기, 빼기가 가능한 절대적 규칙이 통분에도 똑같이 적용된다는 것을 강조해야 한다.

수 배열 표

약수, 배수도 설명하기보다 시각적으로 규칙을 발견할 수 있도록 1~100까지의 수 배열 표를 활용하여 규칙성을 발견하게 하는 것이 좋다. 위의 자료는 200까지이지만 5학년이므로 1000까지는 익숙하게 다룰 수 있는 능력을 배양하면 곱셈, 나눗셈 능력까지 교차적으로 배양된다.

약분은 분수라는 특별한 표기법을 이해하면 좋다. 전체는 아래에, 부분은 위에 써서 두 수의 관계를 나타내는 방법이다.

예를 들어 $\frac{100}{1000}$이 $\frac{10}{100}$이고 결국 $\frac{1}{10}$과 같다는 것을 깨달으면 약분의 의미와 가치를 체득하고 적극적으로 약분을 할 뿐만 아니라 간결함의 미학인 수학적 기쁨을 누릴 수 있다. 이것이 약분 기능을 배양하기 전의 순서이다.

통분의 당위성은 이미 자연수에서 시작되어야 하고, 그 이전에 생활에서 단위의 통일이 왜 중요한지 당위성을 먼저 깨닫게 하는 것이 좋다.

자세한 설명은 6장 '9. 분수와 소수에 대한 이해'를 참고하기 바란다.

둘레와 넓이

용어 정리가 필수이다. 항상 같은 도형에서 함께 다루어지므로 용어 정리가 안 되면 늘 헷갈리기 때문이다. 단위는 같은 문자를 사용하되 cm²처럼 제곱을 써서 길이 단위와 넓이 단위를 구별해야 한다. 학년마다 난이도는 다르지만 늘 같이 나오기 때문에 꼭 따로 짚어주어야 한다.

둘레 : 평면도형의 가장자리를 이루는 선분이나 곡선
　　　　사물의 가장자리를 한 바퀴 돈 길이

넓이 : 평면이나 곡면이 일정하게 자리를 차지하는 크기

자세한 설명은 6장 '10. 둘레와 넓이'를 참고하기 바란다.

ː 6학년

비와 비율

기호가 의미하는 둘 이상의 추상적인 의미를 바로 해석해야 하는 비의 개념은 6학년 1, 2학기에 걸쳐 연속으로 등장한다. 단원의 이름이 비와 비율인데 이는 생활 용어인 '비교'로 생각해야 이해가 쉽다.

비교할 수 있는 첫째 조건은 상대가 있어야 한다는 것이다. 상대가 있으면 나의 정체성이 드러날 수 있다는 현실적인 상황을 이해하면 개념이 바르게 정립된다.

(가) _____

(나) _____

이 둘은 각각 혼자 있을 때는 그것의 상태가 어떤지 표현할 수가 없다. 그러나 상대가 존재하면 하나가 길든지 짧든지 결정된다. 이처럼 비와 비율은 상대적 값을 분수, 소수, %, 할 푼 리 등으로 나타내는 일이라는 것이 정리되어야 한다.

원의 넓이

원의 넓이도 넓이의 기본 단위인 정사각형 1cm²가 얼마인지로 나타내는 일이라는 것을 알아야 한다. 원 넓이를 내는 공식(반지름×반지름×3.14)을 외우고 있을 때가 아니다. 이 원리는 길이 단위는 1cm의 양으로 나타내고 넓이의 기본 단위가 1cm²의 양으로 나타내는 것이라는 개념이 정립되어야 부피도 1cm³의 양으로 나타낼 수밖에 없는 약속된 어법이라는 사실을 깨닫게 된다.

자세한 설명은 6장 '10. 둘레와 넓이'를 참고하기 바란다.

부피

부피라고 해서 특별한 개념이 있는 것이 아니라 길이나 넓이처럼 부피의 기본 단위인 1cm³가 얼마인가를 아는 일일 뿐이다. 개체 속성이 다르므로 단위가 달라야 한다는 당위성을 강조하면 넓이가 길이보다 어렵고 부피가 넓이보다 어려운 것이 아니라 개체의 속성이 더 많아 복잡할 뿐이다. 세상을 살려면 이 정도의 상식과 지식은 알아야 한다는 것을 아이들과 공유해야 한다.

02
선행보다 후행이 더 중요하다

　요즈음 선행은 상식이 되었다. 아이들은 선행 때문에 고통을 느끼게 되고 부모들은 남들은 다 하는데 내 아이만 못하는 것 같아 본의 아니게 닦달을 하게 된다. 부모들은 내 아이를 바라보는 것이 아니라 옆집 아이를 보면서 더 선행을 해야 한다는 결의를 다지게 된다. 그래서 어려운 문제를 풀면 곧 실력이 는다고 생각하고 아이에게 맞지도 않는데 무조건 어려운 문제집을 들려 보내기도 한다. 이럴 때는 본인이 직접 가르쳐 보면 한계를 느낄 텐데 오히려 당당하게 말한다.

　"그러니까 돈을 내고 학원에 보내는 거랍니다."

맞다. 그러나 돈이 아니라 금을 내도 아이의 단계가 그 수준에 미치지 못하면 누구도 가르칠 수 없다. 바쁘다고 바늘허리에 실을 매는 것과 다름없다. 아이의 수준에 맞춰 아래 학년 문제집부터 시작하면 쉽게 그것도 예상보다 빠르게 갈 수 있는데(사실 이것을 믿기는 보통 어려운 일이 아니다.) 무척 불안해한다. 앞서가도 모자랄 판에 후행이라니 낙심천만인 것이다.

아이들은 쉬운 것에서 성공한 경험이 쌓여야 자신감을 가질 수 있다. 그런데 자신감이 생기려는 바로 그 순간 더 어려운 문제로 나가는 바람에 생길 뻔한 자신감은커녕 아이는 마음속 깊은 곳에서 부담감을 크게 느낀다.

'수학은 역시 어렵군. 나는 수학을 못해. 아니 싫어. 어디 피할 곳이 없을까? 갑자기 머리도 아프고 배도 아프네. 화장실에 가고 싶어.'

이렇게 되면 아이들은 서서히 수학에서 멀어질 뿐 아니라 좌절감만 맛보게 된다. 초등 저학년까지는 '돌격 앞으로' 할 때가 아니라 2보 전진을 위한 1보 후퇴를 해야 기초를 튼튼하게 쌓을 수 있다는 것을 명심해야 한다.

20층이 무너지는 것은 19층의 문제일까? 그렇다고 하기에는 석연치가 않다. 그러면 18층 때문일까? 아니면 17, 16, 15층? 알 수 없다. 분명한 것은 20층이 무너졌다는 사실이다. 이에 빗대어 만약 당신의 아이가 아직 고학년까지 가지 않았다면 행운이다. 기초부터 할 시간이 얼마나 많은가!

수학을 잘할 수 있는 방법은 분명히 있다. 일단 아이가 수학을 싫어한다면 공부를 덜 해서라기보다 제대로 해 보지 못해서 그러기가 쉽다. 아이들은 산만하고 놀고 싶어 하는 게 당연하다. 누가 꼬박꼬박 공부하는 것을 좋아하겠는가?

1~2학년은 착실하기만 하면 학력 차이가 나지 않고, 3~4학년까지는 빠른 직관이나 총명함만 있으면 그럭저럭 따라갈 수 있다. 그러나 5~6학년이 되면 빠른 직관이나 총명함만으로는 해결이 안된다.

교육 현장에서 아이들을 지켜보면 3~4학년 때부터 서서히 수학을 싫어하기 시작하면서 수포자의 조짐을 나타낸다. 안타깝게도 이때부터 본격적으로 수학 공부를 해야 하는데 기초가 빈약할 뿐 아니라 공부 양도 늘어나 고비용 저효율의 프레임에 갇히게 된다. 잘하려고 선택한 선진도에 오히려 발목을 잡히는 모양새이다.

그래서 저학년일수록 꼼꼼하고 확실하게 지도하는 것이 중요하다. 문제 구조가 너무 간단해 문제를 읽자마자 답을 알더라도 꼭 식으로 나타내게 해야 한다. 직관으로 답을 알았더라도 그것을 수학 문장으로 완성하는 과정이 쌓여야 선진도를 나갈 힘이 생기기 때문이다.

수학은 어렵고 지루하더라도 인내심으로만 버티는 과목이 아니라 정교한 사고 흐름을 다루는 과목임을 안다면 아이가 어릴 때부터 수학을 시키는 일은 사고에 고성능 날개를 달아 주는 격이다.

03

경시대회에
임하는 자세

스포츠에서 아마추어와 프로의 차이는 뭘까? 프로는 목표에 도달할 때까지 과정이 치열하고 도달했을 때의 성취감이 짜릿하다. 그러나 거기 도달하지 못했을 때의 고통도 만만치 않다. 그러니까 누구나 다 가능하지도 않고 또 다 뛰어들 필요도 없다.

만약 타고난 소질이 없는 아이가 단지 노력만으로 프로에서 뛴다면 결과는 어떻게 될까? 아이의 자존감은 낮아지고 스포츠 자체에 흥미를 잃을 것이다. 이것을 수학경시대회와 비교해 보자. 교육과정대로가 아마추어라면 경시대회는 프로라고 볼 수 있다. 물론 경시대회에서 수상이 목적이 아니라 준비 과정이 바로 실력으로 직결될 테니 밑져야 본전이라는 생각으로 준비하는 부모가 많다.

그런 생각은 나쁘지 않다. 그러나 너도나도 다 준비해서는 안 된다. 아무리 쉬운 경시대회라도 명색이 경시라는 이름이 붙으면 다음 학년뿐 아니라 전반적인 수학 실력이 있어야 한다. 어느 영역만 좀 잘한다고 해서 시작하면 그 과정이 실력으로 쌓이는 것이 아니라 헷갈리게 되는 경우가 더 많다.

탄탄한 기본기 없이 누군가의 도움을 받으며 억지로 푸는 것은 쌓이지 않는다. 흔히 영재반에 뽑혔다는 아이가 학교 시험은 잘 보지 못하는 경우가 있는데 그런 이유 때문이다. 너무 시시해서 놓쳤을 거라고 위안하면 안 된다. 실력이 고르지 않은 것이다. 자칫하면 죽어라고 고생하고, 풀어 본 유형만 풀 줄 아는 기계적인 아이가 될 수 있다.

뉴턴이 사과가 떨어지는 것을 보고 만유인력을 발견한 것은 그가 그때 이미 상당한 수준의 물리학자였기 때문에 가능했다. 누구든 발견할 수 있는 수준이라면 사과밭 주인이 먼저 발견했을 것이다. 뉴턴의 만유인력은 사과에서 나온 것이 아니라 그의 탄탄한 물리학 실력에서 나왔듯이 경시대회 문제도 기본 실력을 탄탄하게 쌓은 아이들이 푸는 것이지 혹시나 어려운 문제를 푸는 과정에서 실력이 늘지나 않을까 해서 시도하는 것은 시간 낭비, 에너지 낭비이다.

몇 년 전에 중학교 1학년 아이와 경시반에 대해 이야기를 나눈 적이 있다. 그때는 특목고반, 영재반, 경시반 등으로 반을 많이 나누는 것이 유행이었는데 그 아이는 경시반에 속했다. 그런데 가르쳐 보니 경시대회는커녕 초등 수학 고급반도 못 따라갈 정도로 기초가 불안했다. 그래서 물어보았다.

"너 이 정도 실력으로 경시반에 있었니?"

"엄마가 그 반에서 나오면 가만히 안 둔대요."

"그래도 그렇지. 하나도 못 알아들었을 것 같은데?"

"그러니 어떡해요?"

아이는 한숨을 푹 쉬더니 말했다.

"BJR이죠 뭐."

맙소사, BJR는 배째라의 이니셜이었다. 그 한숨이 내 귀에는 비좁은 벽 사이에 끼어 버린 야생동물이 어떻게든 살아 보려고 발버둥 치는 소리 같았다.

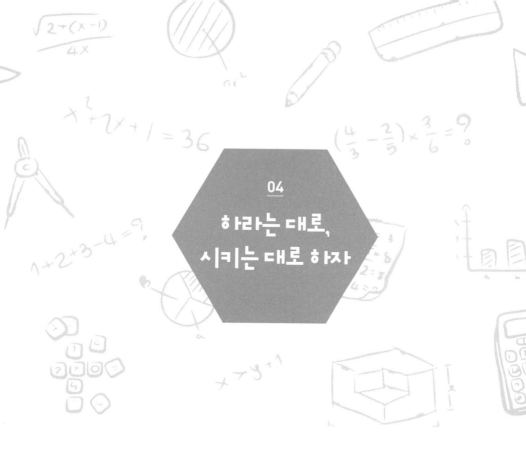

하라는 대로,
시키는 대로 하자

얼마 전 병원에 입원하여 치료받을 일이 있었는데 의사와 간호사들에게 엄청 칭찬을 받았고 무척 건강하게 퇴원했다. 그 이유는 내가 병원 측에서 '하라는 대로 하는 환자'였기 때문이다. 약 복용 시간 지키기, 병원 밥 남기지 않기, 폐활량 늘리는 연습하기, 운동하기, 취침 시간 지키기 등 치료에 최적화된 지시들을 잘 실행했다. 그래서인지 예상보다 빠른 회복에 의사와 간호사들은 박수를 보내 주었다.

수학 공부도 마찬가지이다. 등원 시간이 일정하고 빠지는 경우가 드문 아이는 일단 안정감 있게 공부한다. 치료약 복용도, 식생활 습관도, 정기적인 검진도 대충 하면서 병이 낫기를 바라면 안 되는 것처럼 공부도 성실함과 꾸준함은 배반하지 않는다.

기초 수학이 약한 3학년 아이에게 1학년 과정부터 다시 해 보자고 하면 우려와 불만이 앞서는 부모들을 종종 보게 된다. 물론 아이의 학년에 맞는 공부를 하는 것이 가장 최적이다. 하지만 기초가 약해 흔들리는 아이는 아무리 받쳐 준다 해도 뿌리를 제대로 내리지 못해 언제든 넘어지게 된다.

병원에 가서는 의사의 말을 잘 들어야 병을 빨리 고치듯이 전문가에게 맡겼다면 믿고 적어도 6개월 이상은 따라 주어야 효과를 볼 수 있다. 아이가 얼마만큼 공부했는지 풀이한 문제 수만 세지 말고 눈에 보이지 않는 아이 내면의 변화를 읽으려 노력해야 한다. 수학을 좋아하지 않는 이유가 무엇인지, 새로 깨닫게 된 개념은 어떤 기쁨을 주는지, 반복되는 성공 경험이 아이를 어떻게 발전시키는지 등 아이의 마음을 알아채야 한다.

들인 돈에 비해 풀어 온 문제 양이 적다 싶거나, 풀어 온 문제가 좀 쉬우면 집에서 해도 될 문제를 시간 아깝게 학원에서 풀어 온다고 불만을 드러내는 부모가 많다. 이것도 결국 내 아이를 진도 기계로만 생각하기 때문이다. 아이의 실력이 붙을 때까지 기다려야 한다. 실력이 붙을 때까지의 시간은 아이에게도, 부모에게도, 교사에게도 아기를 출산하는 것과 같은 고통이다. 그 고통을 잘 이겨 내면 가속도가 붙게 된다. 이 사실을 알고 있는 현명한 부모만이 아이에게서 그토록 바라는 막강한 수학 실력을 보게 된다.

학원에서의 진도가 염려된다면 집에서 아이와 함께 공부하는 시간을 규칙적으로 꾸준히 가지며 부모가 직접 관리할 것을 권한다. 여기서 말하는 부모의 관리란 "숙제했니?", "몇 장 풀어."라는 지시만이 아니라 부모가 채점하며 내 아이의 현재 실력을 제대로 파악하는 것을 의미한다. 학원에 제시간에 도착했는지, 출발했는지를 관리하는 것은 진정한 관리가 아니다. 도착과 출발 앱 사이에서 다람쥐처럼 왕복하는 아이를 관리가 잘되는 아이라고 생각하지 말자.

내 아이를 제대로 바라보지 않고 내가 바라는 아이만 본다면 아이의 실력과 상관없이 쉬운 문제는 빼고 좀 더 어려운 문제만 들이대는 악순환이 반복될 뿐이다. 부모가 내 아이 실력의 현주소를 제대로 알게 되면 진도에 목매지 않게 된다. 부모가 수학을 보는 관점이 정확한 아이들은 확실히 진도도 빠르다.

성공해 본 경험이 중요하다

수학을 가르치는 일을 전문으로 하고 있는 나도 한때는 수포자였다. 아무리 풀어도 답이 안 나왔을 때의 낭패감을 지금도 잊을 수가 없다. 그런데 지금도 별것 아닌 문제로 고생하는 아이가 많다. 어쩌면 좋을까?

수학을 어려워하는 아이에게는 수학 공부 초기에 문제를 구체적인 그림으로 나타내 보게 하거나 단순하게 만들어 보게 하면서 좀 더 낮은 단계에서 100점 맞는 경험을 충분히 하게 해 주어야 한다. 아이 스스로 다 맞혀 보는 경험은 참으로 귀중하다.

문제 난이도도 고려해야 하지만 문항 수도 적절해야 한다. 1~2학년은 10문항에서 15문항, 3~4학년은 15~20문항이 적절하다. 아무리 쉬운 시험이라도 하나도 틀리지 않기는 어렵다. 그러니 일단 적은 문항 수로 성공하는 경험을 하게 하여 아이에게 성공 칩을 심어 주어야 한다.

그런데 이런 의도가 담긴 문제집이나 교재는 많지 않다. 대부분의 문제집은 계통이나 난이도를 고려하지 않고 어려운 문제만 잔뜩 담아 놓았다. 부모들이 최상위 문제집을 엄청 좋아하기 때문이다.

'자식을 사랑하라.'보다는 '부모님께 효도하라.'는 가르침이 강조되는 이유는 자식을 사랑하는 일은 저절로 되고 부모님께 효도하는 일은 노력하지 않으면 어렵기 때문이다. 이것을 수학 교육에 적용해 보자. 수학은 실제적 상황을 단순한 기호나 문자로 변환시켜서 머리로만 상상하고 이해해야 하므로 일부러 훈련하지 않으면 어려운 과목이다. 그러다 보니 다른 과목보다 수학을 가르치는 곳도 많고 배우러 다니는 아이도 많다.

그러나 수학 공부에는 꼭 붙어야 하는 단서가 있다. 배울 때 반드시 '제대로' 배워야 한다는 것이다. 제대로 배우지 못할 바에는 차라리 안 배우는 것이 낫다. 새집을 짓는 것보다 헌 집을 뜯어 새로 짓는 것이 더 어렵다. 그런데 잘못된 수학 교육은 그보다 더 고약하다. 헌 집은 뜯으면 뜯는 대로 가만히나 있지 잘못된 사고력은 바르게 가르쳐 주어도 곧 자기 방식대로 돌아가거나 간섭이 일어나기 때문에 처음부터 제대로 배우지 않는 것은 헌 집 짓는 일에 비할 바가 아니다. 질퍽한 콘크리트 바닥을 잘못 디뎌 생긴 자국은 새로 판을 만들지 않는 이상 지울 수가 없는 것과 같다.

초등 수학
실전 정복

생활 속에서
연산 요소를 찾자

아이들이 푸는 문제지가 먼저 있었을까? 생활이 먼저 있었을까? 당연히 생활이 먼저 있었다. 그렇다면 공부의 순서는 정해진다. 생활을 먼저 하고 그것을 수학적으로 나타낸 것이 연산임을 알게 해야 한다. 아이들에게 연산지를 주기 전에 일단 생활 속에 있는 연산 요소를 찾아보아야 현장감이 생긴다. 소위 사고력이 발달할 기초를 확보하는 것이다.

아이들 시각에서 보자면 자기가 풀어야 하는 연산은 난데없는 숫자와 느닷없는 기호 +, -, ×, ÷, ( )의 등장일 뿐 자기의 삶과는 어떤 연관성도 없다. 그런 연산에 내적 개연성을 기대할 수 있을까?

그것을 모르면 수학의 첫걸음인 연산을 안 할 수도 없고 뾰족한 방법도 없으니 무조건 하루 몇 장씩 풀어 몸에 스미도록 시킨다. 간단한 연산 답은 아예 외우게도 한다. 외워지는 거야 어쩔 수 없지만 외우게 하는 것은 사고 과정을 인위적으로 없애는 것인데도 그렇게 한다. 심지어 연산 문제만 보면 정답으로 손이 자동으로 움직이게 하는 것이 좋다고 한다. 그래야 나중에 수능 문제를 풀 때 계산에 발목 잡히지 않고 사고할 시간을 확보한다는 것이다.

그렇게 하는 것이 진짜 효험이 있을까? 너무 간단한 연산은 사고할 필요 없이 그냥 답이 나오는 것 같아도 엄연히 과정이 있다. 그것을 간과하고 숙달에만 매달리면 안 된다. 하물며 지금 아이들이 수능을 볼 때쯤에는 연산에 계산기를 허용할지도 모른다.

그렇다면 연산에서는 어떤 사고력을 기대할 수 있을까? 일단 연산은 모두 숫자와 기호로 이루어져 있다. 그러면 숫자는 무엇인가? 수를 나타내는 기호이다. 1개는 1로, 2개는 2로, 3개는 3으로 나타낼 따름이다. 즉 눈에 보이는 숫자는 수가 아니므로 숫자를 보는 순간 머리에 그 수가 나타내는 수량이 또렷하게 떠올라야 한다.

그와 마찬가지로 +, -, ×, ÷, ( )라는 기호도 그게 무슨 뜻인지 선명하게 이미지가 그려져야 한다. 연산에서의 사고력은 기호를 보고 그것의 의미를, 반대로 의미를 보고 합당한 기호를 자유자재로 활용할 수 있는 능력이다.

그럼 지금 당장 뭐라도 하고 싶다면 일단 아이의 연산지를 뺏고 연필도 빼앗자. 그리고 일상생활에서 +가 뭔지 알아보자. 우리 가정도 엄마와 아빠가 더해져서 생긴 것이다. 김밥은 어떤가? 밥과 단무지, 햄, 달걀, 당근, 우엉 등 자기가 넣고 싶은 재료를 더해서 김밥을 싸지 않는가? 그것이 '더하기'라고 말하면 아이는 2+3+4+5=14와 김밥이 같다는 것을 발견하게 될 것이다. 숫자와 김밥이 전혀 따로였는데 사고라는 기능이 들어가니 같아지는 것이다.

사고력을 길러 주면 무한한 응용과 창조도 가능해진다. 그 귀중한 사고력의 첫걸음이 연산이다. 이런 예시로 보아 모든 사물을 연산으로 보는 훈련을 부모가 먼저 해야 아이들에게 제대로 된 사고 훈련을 시킬 수 있다.

그러므로 유·초등의 연산은 수를 모으고 가르는 데 집중하지 말고 수와 숫자의 차이(수는 수량, 숫자는 수량을 나타내는 기호)와 기호의 의미를 먼저 연습할 필요가 있다. 그러면 연산 문제를 볼 때 아이들의 머릿속에서 숫자와 기호가 자유자재로 움직이게 될 것이다. 즉 쉽게 접근할 수 있는 연산에서부터 수학 사고력을 기를 수 있다. 그렇게 연산을 통해 쌓은 경험과 실력은 응용문제에서 힘들이지 않고 활용할 수 있다.

사고력이 길러지면 구조가 복잡한 문제에서도 뭐에서 뭐를 빼야 하는지, 또는 더해야 하는지, 아니면 무엇을 먼저 더한 후에 곱하는지, 나누는지를 식으로 나타낼 수 있게 된다. 그러니 "식만 세우면 연산은 잘하는데…"라는 말이 얼마나 말이 안 되는 것인가.

머릿속에서 기호가 나타내는 의미를 다 아는 아이가 식을 못 세우는 것은 기호와 의미의 호환이 되지 않아서이다. 호환 방법은 간단하다. 구조가 아주 간단한 문제부터 수식으로 나타내는 습관을 들이면 된다. 아이가 어려도 천천히, 조금씩, 제대로 하면 아이는 놀라울 정도로 잘한다. 이유도 모르고 무작정 연습하는 연산보다 훨씬 편하게 생각한다.

이렇게 조금만 생각해 봐도 수학에서 연산, 사고력, 교과를 구별하는 것이 말이 안 된다는 것을 알 수 있다. 사고력이 필요 없다는 연산을 할 때 아이의 사고력은 어느 구석에 밀려나 있다가 사고력 문제를 풀 때 등장해야 할까? 교과 진도를 나갈 때 연산 능력과 사고력 수학 능력은 어디에 밀려나 있어야 할까? 이게 가능한 일인가?

원래 떨어질 수 없는 영역을 세분화했으니 구별하는 것이 무리이다. 어차피 같은 아이가 한 머리로 사고를 통해 문제를 해결한다는 점에서 보면 연산과 사고력을 따로 언급하는 것 자체가 어불성설이다.

사물이나 자연, 심지어 우리네 인생은 끊임없이 더해지고 빼진다. 강물이 더해져 바다를 이루고 바다에서 수분이 빠져나와 구름이 되는 것처럼 2+3+4=9가 되고 9−2−3=4가 된다고 상상할 수 있어야 한다. 라면과 떡볶이가 더해져 라볶이가 되듯이 10+20=30이 될 뿐이다. 이처럼 상상력을 극대화시키고 거기서 연산의 의미를 발견하게 하는 것은 연산의 내적 동기를 불러일으킨다.

그 정도의 상상력이라면 물고기 2마리에 3마리 더하기, 10명이 모였다가 4명이 집으로 돌아가는 일쯤은 쉽게 답을 찾는다. 상상력이라고 말하기조차 부끄러운 정도의 사고만 해도 아이의 머릿속에서 물고기가 왔다 갔다 하고 사람이 모였다 흩어진다. 그렇게 되면 기계적이고 습관적인 연산력이 살아서 움직이고, 연산 항이 늘어나든 줄어들든 겁없이 연산을 실행할 수 있게 된다.

연산을 영어로 Operation이라고 한다. 사전적 의미는 운영, 수술, 활동, 작전 등인데 도대체 Operation이란 말 어디에 무턱대고 반복하면 올라가는 능력이 있는가? 오히려 자신의 강한 의지가 있어야 실행이 가능하다는 뜻이 가득하다. 이것이 연산의 바른 의미이다.

여기 사과 그림이 있다.

낱개로는 10개, 봉지로는 2봉지, 상자로는 1상자 등 다양하게 부를 수 있다. 어떤 양을 여러 가지 수로 나타내는 이유는 양이 변해서가 아니라 기준이 변했기 때문이다. 변하는 수와 기준을 정하는 주체는 어디까지나 인간이다. 뻔해 보이지만 초등 시기에는 이런 일상의 수학적 당위성을 일일이 언급하며 설득해야 아이들이 감정적으로 받아들이지 못하던 의문이 없어진다.

초등 수학에서는 똑같은 수량이라도 기준이나 단위에 따라 달라진다는 이치를 알고 필요에 따라 응용할 수 있는 힘을 길러 주어야 한다. 이는 자기 주도 학습의 한 모형이기도 하다. 이 중요한 때를 내용이 쉽다고 대충 보내다가 중·고등학교에 가서야 화들짝 놀라 수학 공부에 시간과 정성을 쏟는 것을 보면 안타깝다. 이미 고비용 저효율의 프레임에 갇히는 때이다. 물론 어릴 때 학대에 가까운 학습량으로 몰아도 안 되지만 지도 방법의 개선은 너무도 절실하다.

위에서 예시한 사과만 그렇게 세는 것이 아니라 모든 단위는 1이라는 기본 단위를 사용하고 필요에 따라 다양하게 다룬다. 그중 가장 헷갈리는 것이 있는데 바로 cm, cm², cm³ 패밀리이다. 아이들은 처음의 길이 단위인 cm이나 m까지는 그럭저럭 안다. 그러나 cm 어깨에 콩알만 한 2가 붙으면 '넓이'이고, 3이 붙으면 '부피'라고 하면 그나마 알던 cm마저 헷갈릴 수 있다.

정서와 인지가 미분화된 초등생에게 그 차이를 설명하기는 쉽지 않다. 약간 억지 같아도 물과 불이라는 글자에서 아이디어를 찾아보자. 초성 ㅁ이 ㅂ으로 변하는 순간 물이 불로 되는 것처럼 문자와 기호도 한 끗 차이로 전혀 다른 의미를 나타낸다는 것을 알려 주자. 좀 복잡해도 초반에 짚고 넘어가면 쉬워지므로 다음 내용을 연습해 보자.

① 길이 단위 - cm : 한 가지 방향

② 넓이 단위 - cm² : 가로, 세로 2가지 방향

③ 부피 단위 - cm³ : 가로, 세로, 높이 3가지 방향

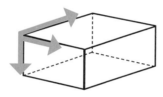

cm 어깨에 붙은 숫자에 따라 전혀 다른 성질의 단위가 된다는 것을 가르친다. 그런 다음에 숫자를 대입해서 활동하면 좋다. 다음과 같이 같은 10cm²이지만 다르게 해석할 수 있다.

$$10cm^2 = 1cm^2 \times 10$$
$$10cm^2 = 2cm^2 \times 5$$
$$10cm^2 = 5cm^2 \times 2$$

이렇게 모든 것이 이치에 따라 존재하는 것을 알아간다면 단위를 달 달 외우지 않아도 저절로 알게 된다. 이처럼 수학에는 합리적이고 실력 있는 아이로 키울 수 있는 장면이 일상생활 곳곳에 널려 있다. '수학은 어디까지나 사고를 훈련할 수 있는 최고의 재료'라는 안경을 쓰면 더 많이 보인다.

03

묶어야 사는
세상

초등 수학의 처음이자 큰 고비인 받아올림과 받아내림에 대하여
알아보자. 왜 꼭 10을 받아 올리고 내리는가? 이유가 무엇인가? 그거
야 간단하다. 10씩 묶어서 올렸기 때문에 그럴 뿐이다. 일단 '10씩 묶
는 일'에 집중해 보자.

사람은 뭐든지 묶어서 처리하지 않으면 복잡해서 살 수가 없다. 어
쩌면 사람들이 가장 싫어하는 것은 벌레가 아니라 복잡함일 것이다.
그중 많이 쓰이고 있는 시간을 살펴보자.

시간의 종류와 묶음

묶을 수 있는 종류와 양	묶음의 결과
60초	1분
70초	1분 10초
80초	1분 20초
90초	1분 30초
90분	1시간 30분
25시간	1일 1시간
25개월	2년 1개월
100년	1세기

위 표처럼 일상생활에서 일어나는 일들을 묶어서 정리해 보면 수
학을 바라보는 힘이 굉장히 커진다. 양말·장갑·귀걸이 등은 2씩 묶
고, 가위바위보는 삼세판으로 하고, 농구는 5씩, 배구는 6씩, 무지개

여러 가지 진법

진법	종류
2	귀걸이 1쌍, 양말 1켤레, 신발 1켤레
3	세발 자전거, 삼각대
4	윷 한 목, 자동차 바퀴 수
5	한 손의 손가락, 농구 한 팀
6	곤충 다리 수, 배구 한 팀
7	일주일, 무지개 색
10	10개씩 묶는 여러 가지
12	1년, 연필 1타
24	1일, 바늘 한 쌈
30	한 달
60	1분, 1시간
100	세기, 한 접

는 7씩, 문어 다리는 8씩 등으로 묶는다. 즉 5진법, 6진법, 7진법, 8진법의 모형이 되는 것이다. 10진법도 10씩 묶는 삶의 편의성이나 규칙성에 의해서 존재하는 것뿐이다.

10을 받아 올리고 내리는 연산이 여러 진법의 한 종류로서 생활에서 일어나는 현상을 기능적으로 해결하기 위한 것이라는 수학적 근거를 알려 주면, 아이들이 현실을 수용하고 적극적으로 익혀서 자기 역량으로 만드는 내적 근거를 갖게 된다. 그런 것들을 이해시킨 후에 연산 기능을 연습하게 하면 효과적이다.

아이는 자기가 하는 연산이 5진법인지 10진법인지 모르더라도 교사는 정확한 이론적 근거에 의해 지도해야 한다. 아이가 잘 모른다면 다양한 예시를 통해 10진법의 당위성을 깨닫게 할 수 있다.

아이들은 10씩 묶는 것도 묶음의 한 종류일 뿐이라는 것을 알면 나눗셈의 개념까지 쉽게 이해할 수 있다. 굳이 ÷라는 기호를 배우지 않더라도 저절로 깨닫는 경우를 수없이 보았다.

나누는 수 (묶는 수)	2		3		4		6	
나누어 지는 수 (묶이는 수)	몫	나머지	몫	나머지	몫	나머지	몫	나머지
16	8	0	5	1	4	0	2	4

예를 들어 16이란 수를 다양하게 묶어 보자. 이 말은 결국 여러 가지 수로 나누어 보자는 말과 같다. 연습할 때는 건너뛰지 말고 조금씩 난이도를 높이는 것이 더 효과적이다. 빼는 횟수가 몫이고 빼지

못하는 것이 나머지임을 자연스럽게 알게 한다. 나누기를 곧잘 하는 아이라도 여러 가지 수로 해 보게 한다. 아이의 능력에 따라 50 이하의 수, 100 이하의 수 등으로 묶는 연습을 시도해 보자.

이렇게 연산은 주어진 문제를 반복 연습해서 익히는 것보다 직접 깨달아 가는 과정을 많이 경험하게 하는 것이 좋다. + 먼저 배우고 − 배운 후 ×, ÷ 순으로 배우는 것이 아니라 생활에서 일어나는 상황을 숫자나 문자와 기호로 나타내고 수용하고 처리하는 능력을 길러 주어 나중에는 생활과 기호가 아이의 내면에서 거리낌 없이 호환되게 하는 것이 이상적인 연산 교육이다. 즉 기호를 보고 사고로 현상을 상상할 수 있고, 현상을 보고 수학적으로 단순화·추상화할 수 있는 능력을 기르는 것이다. 이게 바로 사고력 수학이다.

습관적인
문제 풀이의
부작용

〈문제〉 아래 그림에서 ♣가 ♤보다 얼마나 더 많나요?

♣♣♣♣♣♣♣♣
♤ ♤ ♤ ♤

오답 : 8+4=12
정답 : 8 - 4=4

오답을 한 아이가 8+4를 할 줄 아는 것에 안심할 일이 아니라 문제를 읽고 머릿속에 문제의 상황을 생생하게 그리지 못한다는 것에 불안해야 한다. 물론 채점한 뒤 틀린 부분을 다시 풀게 하면 쉽게 고치겠지만 이 아이는 이런 식의 실수를 반복할 확률이 아주 높다. 수능까지 따라 다닐지도 모를 결정적인 약점이다.

확대 해석으로 겁주는 것이 아니라 이런 간단한 문제 상황도 간결하게 처리하지 못하는데 꾸역꾸역 반복만으로 수학 실력을 쌓은 아이는 빠르면 초등 고학년부터 "하기 싫다, 어렵다." 등의 말을 하면서 수포자의 조짐을 드러낸다. 중학교에 가면 모든 걸 기호와 식으로만 해결해야 하는데 그때 가서 잘하는 아이와의 간격을 어떻게 뛰어넘으려고 사고가 부드럽고 활발한 시기에 사고를 염두에 두지 않은 반복연산만 시키는지 안타깝기 그지없다.

어릴 때부터 연산만 시켜도 수학을 잘하는 아이가 많다고 하지만 그 때문에 수학을 못하게 된 아이가 더 많다. 당신 아이가 드러나지도, 증명할 길도 없이 수학에 짓눌린 채로 수능까지 가는 아이들 중 한 명일 수 있다.

앞서 제시한 문제에서 한 가지 더 짚어 봐야 할 부분이 있다.

정답: 8－4=4라는 식을 통해 정답도 4이고 빼는 수도 4일 때, 아이

들은 무의식적으로 다음 그림처럼 '같은 것을 나타내지 않을까?' 짐작하는 경향이 있다.

8 ☞ ♣ ♣ ♣ ♣ ♣ ♣ ♣ ♣

4 ☞ ♤ ♤ ♤ ♤ 빼는 수

4 ☞ ♣ ♣ ♣ ♣ 답을 나타내는 수

같은 4라는 숫자일지라도 답을 나타내는 4는 ♣ ♣ ♣ ♣를 나타낸다. 아이들은 관찰과 사고를 통해서 이 차이를 또렷하게 인식해야 한다. 연산에서의 반복은 이런 관찰과 인식 과정을 충분히 거친 다음에 해야 효과적이다.

$$3 + 2 = 5$$

$$5 - 2 = 7$$

이런 아이가 의외로 많다. "앗! 실수."라고, 깜빡했다고 미리 이해하지 마라. 이 아이의 눈에는 +, − 기호보다 숫자 3, 5, 2가 더 강하게 느껴진다. 반드시 맥락 없는 더하기를 했을 것이다. 그럴 수밖에 없는 것이 아이로서는 처음 시작한 연산 공부가 상황을 살피는 것이 아니라 더하고 빼는 일이었으니 당연한 일일지도 모른다. 정신을 안 차리는 것이 아니라 정신 차릴 필요 없이 무조건 시켜서 그렇다. 지금도 덤벙댄다고 야단맞고 있을 아이가 얼마나 많을까?

연산은 상황대로 접근하는 것이 좋다. 수학의 모든 소재는 생활에서 나온다. 생활은 연산 순서대로 나오지 않으니 굳이 차례대로 배우지 않아도 된다. 더하기, 빼기를 동시에 배우고 연속 더하기가 곱셈인 것을 더하기, 빼기와 같이 공부해도 아이들은 거부감이 없다. 마찬가지로 연속 빼기가 나눗셈인 것도 함께 지도할 수 있다.

곱하기는 더하기와 개념이 같고, 나누기는 빼기와 같은 개념인 것을 깨닫게 되면 아이들은 갑자기 연산을 쉽게 받아들이고 실제로도 쉽게 해결한다. 2+2+2=6이고 그것을 2×3=6으로 나타낸다.

흙 파기를 예로 들면 더하기는 삽으로 파는 것이고, 곱하기는 포크레인으로 파는 차이일 뿐 흙을 판다는 점에서는 같다. 이처럼 더하기와 곱하기는 속성이 같으므로 동시에 가르치되 표현의 차이일 뿐임을 알게 하면 된다. 빼기와 나누기도 그와 같다고 생각하면 된다.

이런 식의 학습은 수가 커지기 전에 작은 수에서 개념을 잡아야 갈수록 쉬워진다. 그래서 초등 수학은 내용은 쉬워도 아동 심리 발달에 맞춰 개념을 또렷이 전달해야 하는 지도법이 어렵다.

사고력의 최전선은 연산이다

생활에서 일어나는 현상을 단순화·기호화·수식화로 추상화(수학 언어로 변환)하고, 반대로 추상화된 수학 언어를 실생활에 적용·활용·응용할 수 있는 힘이 사고력 수학이라면, 연산은 그런 사고력의 최전선이자 수학 자생력을 키우는 첫 관문이다. 그 중요한 시기에 계산부터 시키면 아이가 수학에 대한 거부감을 갖게 되고, 수학은 재미없고 어렵다는 선입견이 생길 수 있다. 사고하는 기회를 빼앗아 사고의 숨구멍조차 막아 버리는 결과가 되는 것이다.

다음에 제시한 생활 속 현상과 계산식의 관계를 연계시켜 보면 연산은 훌륭한 창조의 도구이다.

물 + 열 = 수증기	$3 + 5 = 8$
물 + 열 + 쌀 = 밥	$3 + 5 + 6 = 14$
물 + 물 + 물 + 열 + 쌀 = 죽	$3 + 3 + 3 + 5 + 6 = 20$
딸기 − 열 = 냉동 딸기	$7 - 5 = 2$
고기 − 수분 + 조미료 = 육포	$10 - 6 + 3 = 7$
도시락 − 밥 − 고기 − 반찬 = 빈 도시락	$15 - 6 - 5 - 4 = 0$

처음 연산을 할 때 이렇게 시작하면 아이들은 어떤 연산이 나와도 머릿속에 그에 합당한 상황을 연상하기 때문에 연산이 따분하지 않다. 오감을 통해 사물이나 생활을 관찰하고 그것의 결과를 수학적으로 처리하는 순환을 경험하면 아이들은 생활을 보든 수식을 보든 사고를 통해 알아서 처리하게 된다.

이때 어느 한쪽을 강조하면 안 된다. 굳이 강조하자면 생활을 강조하는 것이 낫다. 머릿속으로 상황을 생각하는 것이 번거롭고 귀찮아지면 아이들은 반드시 간단하게 나타내려고 하거나 묶어서 해결하려고 한다. 그렇게 수학적 본능이 꿈틀거릴 때 간결하고도 치열한 사고의 결과물인 수식으로 안내한다. 그런 내적 동기가 일어나기 전에 숫자가 가득한 문제집을 풀게 해서 지레 수학에 겁먹게 하지 말자.

07

'끼리끼리'를
활용하라

'끼리끼리'라는 말은 공감하기 쉽고 사람들이 보편적으로 갖고 있는 감정과 논리를 동시에 만족시키는 용어이다. 이것은 더하기, 빼기는 단위가 같아야 한다는 논리에서 출발한다. 그러나 아이들에게 끝없이 논리만 강조하기보다는 생활에서 논리의 근거를 찾게 하는 것이 좋다.

처음 연산을 할 때 자릿수에 대해 강력한 수학적 근거 없이 세로셈을 지도하면 아이는 배운 대로 하다가 자기가 실수하는 줄도 모르고 틀리는 경우가 많다. 그저 그렇게 하는 거라고 받아들이기 쉽고,

십진법의 구조를 꿰뚫어 알지 않고서는 미숙한 근육으로 삐뚤삐뚤 쓴 세로 셈은 아이들에게 은근히 스트레스이다. 이것을 종류나 단위가 같아야 서로 어울린다는 뜻의 '끼리끼리'라는 용어에서 수학적 당위성을 찾아 활용해 보자.

5cm와 5m를 더하면 10cm라고 해야 하는지 10m라고 해야 하는지 알 수 없는 것은 너무 당연하다. cm와 m는 단위가 다르기에 단순히 수만을 더할 수 없는 일이다. 그렇다면 g과 kg도 단위를 통일하지 않고는 더할 수가 없다. 더더욱 5g과 5m는 절대로 더할 수 없는 속성을 지녔다.

학습 초기에 숫자로만 연산 연습을 한 아이는 사고력이 미숙한 상태에서 이런 문제를 보면 그저 숫자를 기계적으로 더하고 빼기만 하는 현상이 나타난다. 더구나 자릿수를 맞추어서 계산하지 않으면 어떤 계산도 맞지 않는다.

수학적 논리가 끼리끼리라는 감정적 설득 없이 자릿수만 맞추어 계산하는 일은 유·초등 아이들에게는 그저 지켜야 할 규칙처럼 딱딱하기만 할 뿐이다. 하지만 아이들의 용어로 풀어 주면 훨씬 친근감을 느끼고 자연스럽게 계산할 수 있다. 그러다가 논리가 확실해지면 개념으로 발전하고 이윽고 정착하게 된다.

다음과 같이 계산하는 대상의 속성과 단위를 통일하는 일은 필수이다.

- 시속 30km인 자동차와 분속 600m 자동차의 속도를 비교하는 일
- 4개가 든 사과 1봉지가 10,000원인 것과 사과 15개들이 1상자가 28,000원일 때 비교하는 일
- 10,000원짜리 지폐 13장과 1,000원짜리 지폐 20장의 합

08

단위가왜 중요한가

만약 누가 당신을 보고 "저기 사람이 한 마리 지나간다."라고 하면 얼마나 기가 막히겠는가? 게다가 "가슴에 꽃 한 그루를 들고 귀걸이 한 켤레를 하고 걷고 있네."라는 말을 들으면 더 황당할 것이다. 억지로 지어낸 말이지만 단위 사용의 중요성을 한번 깨달아 보자는 것이다.

아이들에게 이렇게 단위는 잘못 쓰면 절대로 안 된다는 것을 실감 시켜야 한다. 그래야 계산에만 치중하지 않는다. 단위는 상황에 맞게 쓰지 않으면 대화가 안 된다는 것을 가르쳐 주고 바르게 써야 남들에게 인정받는다는 것을 알려 주어야 한다. 사람에게 한 분이라고는 못할망정 한 마리라니! 꽃은 송이로, 귀걸이는 쌍으로 반드시 바르게 쓸 수 있게 지도해야 한다.

이런 삶의 당위성 위에 공부해야 살아 있는 공부가 된다. 그저 교과서에 m, mm, 분, 초 등의 단위가 나오니까 배워야 한다면 얼마나 따분한 일일까? 이런 경험 위에 다음과 같이 다양한 상황에 맞게 쓰는 법을 가르쳐 주어야 한다.

생활 단위

사람 : 명, 분

꽃 : 송이, 묶음, 다발

동물 : 마리

과일 : 개, 봉지, 바구니, 상자, 짝

채소 : 개, 포기, 봉지, 단, 상자, 다발

식물 : 포기, 그루

수량 단위

시간 : 분, 초, 시간, 하루, 이틀, 일주일, 한 달, 1년, 1세기

길이 : mm, cm, m, km

무게 : mg, g, kg

넓이 : cm^2, m^2, km^2

부피 : cm^3, m^3, km^3 (특히 cm, cm^2, cm^3의 단위들은 아이들이 보기에는 비슷

하게 보이지만 전혀 다른 길이, 넓이, 부피 단위임을 따로 지도해야 한다.)

들이 : mL, L

온도 : ℃

각도 : °

결국 우리가 쓰는 모든 단위가 삶을 편리하고 행복하게 하는 도구임을 깨달아야 수학이 생활이고 생활이 수학인 아이로 자라게 된다.

09

분수와
소수에대한이해

사람들은 자기 몫에 대해 민감하다. 자기 몫을 따지는 일에는 분수가, 아주 작은 것들을 따지기에는 소수가 유용하다. 그러면 둘 중 누가 먼저 태어났을까? 그야 물론 분수이다. 원시시대에도 다 같이 잡은 멧돼지에서 자기가 차지할 양이 얼마인지 중요했을 것이고, 형제끼리 농사를 지어 나눌 때도 분수가 소수보다 먼저 쓰였을 것이다.

소수는 분수가 사용된 지 수천 년 후에 등장했다고 한다. 그런데 교과서에서 분수와 소수를 동시에 다루다 보니 '둘이 비슷하다.'고 생각하게 된다. 실제로 서로 바꾸어 써도 되는 부분도 많다. 엄밀히 따지면 둘은 태생적으로 다른 수인데 쓰다 보니 겹치는 부분이 있고 비슷한 점이 많을 뿐이다. 나이 차이가 수천 년이나 되는 분수와 소수의 발생 원인을 알면 개념을 이해하는 데 도움이 된다.

: 분수의 탄생

분수는 무엇을 똑같이 나누는 데 무척 편리한 방법이다. 그런데 아이들에게 그것을 가르칠 때마다 피자 한 판을 이용한다. 왜 피자를 벗어나지 못하는 걸까? 바꿔 봐야 수박이나 사과, 조금 다르게 해도 두부 한 모, 두 모 식이다. 그런데 피자를 좀 더 자세히 들여다보자. 울퉁불퉁한 토핑과 쭉쭉 늘어나는 치즈를 생각하면 감정적으로 정확히 나누기가 쉽지 않다.

분수 지도는 감정적으로나 오감을 통해서도 분명하게 등분되는 소재가 좋다. 그래야 사고가 선명해진다. 마찬가지로 분수 표기법도 자연수의 쓰임과 구별되지 않아 개념을 방해한다.

분수는 전체와 부분을 동시에 나타내는 일종의 상태 메시지이다. 그 모양은 선분을 사이에 두고 전체는 아래에, 부분은 위에 표시한다.

예를 들어 $\frac{1}{2}$에는 다음과 같은 의미가 있다.

① 1을 2로 똑같이 나눈다는 뜻　　1÷2

② 전체는 2, 부분은 1의 상태　　　$\frac{1}{2}$

③ 무엇의 비가 1:2라는 뜻　　　　1:2

여기서 아이들에게 강조할 점은 분수를 만든 재료는 모두 자연수에서 가져왔다는 것이다. 이렇게 분수의 연산을 지도하기 전에 분수의 문자적, 기호적 의미를 분명하게 밝히는 것이 먼저 되어야 한다. 그렇지 않으면 $\frac{1}{2}$이 $\frac{1}{3}$보다 더 크다는 것을 마음으로 받아들이기 어렵다.

아이들 시각에서 보면 좀 전까지만 해도 자연수에서 분명히 2가 작았는데 $\frac{1}{2}$은 $\frac{1}{3}$보다 크다니 그리 배우기는 하지만 감정적으로 흔쾌하지 않기 때문이다. 그래서 분수는 자연수로 만들기는 했으나 전혀 다른 성질이라는 것을 강하게 지도해야 한다. 사고 훈련이 좀 더 된 아이는 군이 사과나 수박 없이도 자연수에 선분 하나를 더 써서 분수 개념으로 진화할 수 있다.

이런 과정을 현실적으로 받아들인 아이는 분자가 같을 때 분모가 크면 클수록 수가 작아진다는 반전을 신선하게 받아들인다. 분수는 이미 수학적 근거에 의해 창조된 새로운 기호이므로 그것의 의미를 제대로 판독한 아이들은 오직 사고로만 해결하는 새로운 세계로 들어가게 된다. 이 부분이 어렵기에 문제집에는 끝없이 분수의 대소를 묻는 문제가 실리고 아이들은 잘 틀린다.

: 분수의 덧셈, 뺄셈

6장 '7. '끼리끼리'를 활용하라'에서 다룬 내용이다. 수학은 알고 나면 다 같은 논리에서 이루어짐을 알 수 있다.

"난 분수의 덧셈은 몰라."

초등 4학년 아이의 말이다. 여기에는 자연수의 덧셈은 안다는 전제가 있다.

"분수는 통분을 알아야 해."

분수에 대해 뭘 좀 아는 아이의 말이다. 여기에는 자연수와는 다른 기능이 필요하다는 전제가 있다.

그럼 왜 분수의 덧셈, 뺄셈에서는 통분을 해야 하는가? 여기서 분수, 소수를 따지기 전에 도대체 더하기, 빼기가 뭔지 한 번 더 짚고 넘어가자.

다음 두 문제를 비교해 보자.

문제 1. 아래 두 직사각형의 개수는 모두 몇 개인가?

너무 쉬워서 2개라고 답을 말하려니 무슨 함정이 있지 않을까 싶을 것이다. 함정은 없고 정답은 2개가 맞다. 더하거나 빼는 개체가 같으면 다른 생각을 할 필요가 없이 그냥 계산하면 된다.

그렇다면 다음을 보자.

문제 2. 아래 두 직사각형의 개수는 모두 몇 개인가?

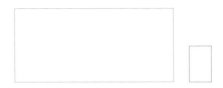

이 질문을 받으면 단위가 통일되지 않았기 때문에 눈에 보이는 개수가 2개라고 말은 하면서도 문제 1을 맞힐 때와는 다르게 감정적으로 갈등을 느끼게 된다. "도대체 어떤 것이 2개란 말인가?" 하고 물으면 말문이 막힐 것이다. 여기서 말하는 2개는 어느 것도 가리키지 못하는 수이기 때문이다.

이런 예는 실생활에 널려 있다. 방에 사람 3명과 인형 3개가 있다고 할 때 인형을 사람 수로 세지 않는 것은 겉모양이 같더라도 속성이 다르면 더할 수가 없음을 본능적으로 알기 때문이다. 이것이 통분의 심리적 근거이다. 이는 우리가 얼마나 논리적인 사고를 하는가를 반증하는 것이기도 하다. 여기서 더하기와 빼기는 개체의 속성이 같을 때만 가능하다는 사실을 발견하게 된다.

그러한 논리에 의해서 분수는 단위가 $\frac{1}{2}$, $\frac{1}{3}$ 등 임의로 만들어지기 때문에 단위를 통일하지 않고서는 더하기, 빼기가 불가능하므로 더하기, 빼기를 하려면 단위를 통일할 수밖에 없고, 그 방법이 통분이라는 것을 깨닫게 된다. 그러니 통분은 할 수 있는 기능이 중요한 것이 아니라 해야 하는 이유를 아는 것이 더 중요하다. 그래야 틀리지 않는다.

이런 경우는 일상생활에서도 많이 일어난다. 관심을 가지지 않아서 그렇지 수학적이지 않은 생활은 거의 없다.

예를 들어, 빨간 사과 2개와 파란 사과 3개 그리고 배가 4개 있다. 여기서 질문을 통해 더하기의 뜻을 확인해 보자.

파란 사과는 몇 개인가?　3개

빨간 사과는 몇 개인가?　2개

노랑 사과는 몇 개인가?　0개

사과는 몇 개인가?　5개

배는 몇 개인가?　4개

과일은 몇 개인가?　9개

이렇게까지 분석해야 하나 싶을 정도로 사고 대상을 치열하게 생각하는 훈련을 하지 않으면 사고는 모호해진다. 그런 다음에 2+3+4=9라는 연산을 하려면 반드시 +의 대상이 과일이어야 한다는 것을 경험한 아이는 분수의 통분도 당연하게 받아들인다. 그러면 분수의 통분을 누가 시켜서 하는 것이 아니라 자기의 필요에 따라서 하게 된다. 결국 자연수의 덧셈과 단위의 통일 개념이 그대로 분수에 적용되는 것이다. 이런 식으로 꼼꼼한 지도를 받은 아이의 실력은 갈수록 빛난다.

: 분수의 곱셈과 나눗셈

분수의 곱셈

분수라 할지라도 어디까지나 곱하기는 연속 덧셈이고, 나누기는 연속 빼기일 뿐이다.

$$\frac{1}{4} \times 3 = \frac{1}{4} + \frac{1}{4} + \frac{1}{4} = \frac{3}{4}$$

이를 보면 자연수 3은 분자에 곱한다는 결론에 이른다. 이 원리에 의해서 다음과 같이 분해할 수 있다.

$$\frac{1}{4} \times \frac{3}{4} = \frac{1}{4} \times (\frac{1}{4} \times 3)$$

이렇게 보면 흔히 우리가 말하는 분수의 곱셈은 '분모는 분모끼리, 분자는 분자끼리'라는 분수 곱셈 법칙이 성립되는 것을 알 수 있다.

분수의 나눗셈

제일 먼저 생각나는 말이 '뒤집는 것' 또는 '역수의 곱'일 것이다. 당연히 맞다. 그런데 왜 '역수의 곱'일까? 이렇게 물으면 바로 대답하는 사람은 별로 없는 것 같다. 다음은 그것의 논리적 근거이다.

자연수÷분수

-접근방법①

현장성을 살린다.

빵 6개를 $\frac{3}{4}$씩 나누면 몇 사람이 먹을 수 있는가?

한 사람이 하나씩 먹는 상황이 아니므로 일단 빵 하나를 4조각씩 나누면 모두 24조각이 되고 3조각씩 먹으면 8명이 똑같이 먹을 수 있다. 이것을 식으로 나타내면 다음과 같이 표시할 수 있다.

$$6 \div \frac{3}{4} = 6 \times 4 \div 3 = 8$$

이것이 분수의 나눗셈은 '역수의 곱' 또는 '뒤집어서 곱한다.'라는 방법이다.

-접근방법②

뺄셈 논리를 이용한다.

$$1 \div \frac{1}{10} =$$

$$1 - \frac{1}{10} - \frac{1}{10} - \frac{1}{10} - \frac{1}{10} - \frac{1}{10} - \frac{1}{10} - \frac{1}{10} - \frac{1}{10} - \frac{1}{10} - \frac{1}{10} = 0$$

에서 빼는 횟수가 몫이 되는 원리를 알 수 있고, 그것의 형식이

$$1 \div \frac{1}{10} = 1 \times \frac{10}{1} = 1 \times 10$$

이 된다.

-접근방법③

귀납 추리를 이용한다.

$10 \div 10 = 1$

$10 \div 5 = 2$

$10 \div 2 = 5$

$10 \div 1 = 10$

$10 \div \frac{1}{2} = 20$

$10 \div \frac{1}{5} = 50$

$10 \div \frac{1}{10} = 100$

나누는 수가 작아질수록 몫이 커지는 논리를 발견할 수 있도록 유도한다. 이런 귀납 추리에 의해 $10 \div \frac{1}{10} = 10 \times \frac{10}{1} = 100$을 추론할 수 있도록 지도하면 분수의 나눗셈을 역수의 곱으로 해결해야 하는 당위성을 느끼게 된다.

분수÷분수

- 논리성 $\frac{17}{45} \div \frac{3}{45}$ ⟶ $\frac{17}{45} - \frac{3}{45} - \frac{3}{45} - \frac{3}{45} - \frac{3}{45} - \frac{3}{45} = \frac{2}{45}$

몫 – 뺀 횟수 5회
나머지 $\frac{2}{45}$

- 단순화 $17 \div 3 = 5 \cdots 2$

$$3 \overline{)17}$$
$$\underline{15}$$
$$2$$

- 형식성 $\frac{17}{45} \div \frac{3}{45} = \frac{17}{45} \times \frac{45}{3} = \frac{17}{3} = 5\frac{2}{3}$

이것을 자연수 나눗셈 법칙을 적용하여 단순화시키면 17÷3=5로 치환하여 몫을 얻는 것은 너무도 쉬운 일이 된다. 그리고 나머지인 $\frac{2}{45} \div \frac{3}{45}$의 계산도 결국 2÷3으로 보아 $\frac{2}{3}$가 된다. 이런 논리에 의한 결과가 '분수의 나눗셈은 역수의 곱'일 뿐이며 위와 같은 형식으로 귀결된다.

이런 논리적 접근 없이 분수의 나눗셈 형식만 반복 연습한다면 논리를 배우면서 얻어지는 지력 향상과 응용력도 떨어지고 오히려 자신감 없는 오답률만 높아질 수 있다. 철저한 논리적 이해 위에 꾸준한 연습만이 답이다.

여기에 과자와 그 부스러기가 있다.

만약 누가 당신에게 "저기 보일락 말락 하는 부스러기는 과자인가 아닌가?"라는 말에 냉큼 대답하기 어려웠다면 이것은 과자의 재료 문제가 아니라 크기에서 오는 망설임일 것이다. 초등 소수는 이렇게 부스러기처럼 아주 작은 것을 나타낼 때 요긴하게 쓰이는 수임을 지도하면 아이들이 쉽게 받아들인다.

하나는 못되지만 존재하기는 하는 (0<X<1) 작은 수를 지도할 때 과자 부스러기를 인용한다. 그저 교과서에 나오니까 바로 0.1이 어쩌고저쩌고하는 것보다 일단 실생활에서 소수의 필요나 유용성을 느끼게 하는 방법이다. 여기서 '소수점'에 주목해야 한다. 예시한 과자 이야기로 나타내면 0.1이라는 소수는 '완전한 과자는 없으나 부스러

기 하나는 있음'이란 뜻으로 이해하면 된다. 이럴 때 아이들은 소수점
이 부스러기를 나타내는 경계선 역할을 한다는 것을 발견하게 된다.

완전한 과자 쓰는 자리, 부스러기 쓰는 자리

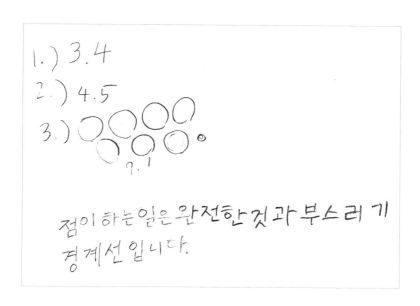

- 위의 그림에서 1학년이 이해한 소수 : ○○○.○○○○ = 3.4
- 점이 하는 일은 완전한 것과 부스러기를 나타내는 경계선의 역할

- 아래 그림은 소수의 자릿값을 네모의 크기로 구분한 것이다. ④번을 살펴보면 1의 자리 즉 완전한 것을 쓰는 자리는 점선으로 처리하고 가운데 ×표로 없음을 확실하게 표시한 다음 0.1의 자리에 작은 네모 7개를 그리고 0.7로 표기한 것을 볼 수 있다.
- 아래 그림 중 ⑤번을 보면 0.1의 자리에 ×표로 강력하게 없음을 나타내고 2.08을 정확하게 이해하고 있다.

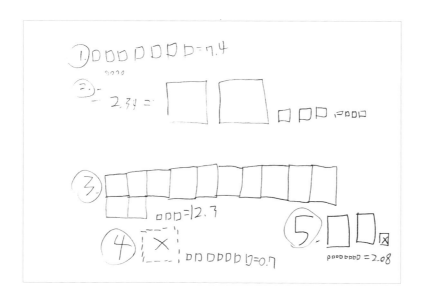

이렇게 소수점의 역할을 정확히 알고 난 다음에 점을 중심으로 자릿값을 염두에 둔 그림을 그려 가며 개념을 완성한다. 그다음에 소수는 자연수와 같이 10진법 체계임을 지도하면 소수 계산은 저절로 된다. 자연수에서 익힌 규칙이 그대로 적용되기 때문이다. 경험상 이 정도의 개념은 저학년이든 고학년이든 바로 받아들인다.

앞에서 분수, 소수를 살펴본 바와 같이 교사는 아이가 배워야 할 내용보다 조금 많이 아는 정도로는 제대로 가르칠 수가 없다. 간단한 내용이라도 그것의 역사적 의미나 학년별 연계 등을 많이 알아야 지도력이 막강해진다. 그래서 초등 수학은 접근법이 어려워 마치 소아과 의사가 말 못하는 아기의 변 색깔과 울음소리만 듣고도 치료해야 하는 것과 같다.

본인이 풀기는 풀겠는데 설명은 하지 못하겠다는 말은 말솜씨가 부족해서가 아니라 그에 대한 지식이 부족하다는 뜻이다. 각 단원마다 중·고등 수학의 무엇과 어떻게 연계되어 있는지도 알아야 확장 지도가 가능해진다. 그런 의미에서 초등 수학은 만만하게 아무나 가르칠 수 없고, 심리적·방법적 어려움이 꽤 크다.

둘레와 넓이를 같은 그림에서 가르치면 혼동하기 쉽다. 그러나 따로따로 가르칠 수도 없다. 둘레의 내부가 넓이이고 넓이의 가장자리가 둘레이기 때문이다. 그러므로 상황 설명과 용어 정리가 필수이다.

사람의 손에도 손목, 손등, 손톱 등이 붙어 있는 것처럼 도형에서도 둘레와 넓이는 함께 존재하면서 다른 속성임을 비유하면 쉽게 받아들인다. 그런 다음에 여러 가지 평면을 제시하여 둘레와 넓이는 정형화된 도형에서만 공부하는 것이 아님을 알게 한다.

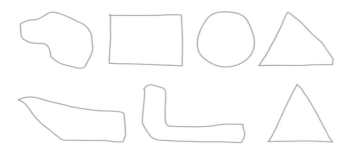

이렇게 일반적인 것과 특수한 도형을 동시에 다루지 않으면 아이들은 꼭 삼각형, 사각형, 원에서만 둘레와 넓이를 공부하는 거라고 생각하고 책에 나온 것만 공부하면 될 것 같은 착각에 빠지기 쉽다. 또 둘레와 넓이의 속성이 얼마나 다른지도 따로 지도하고 그에 따른 단위인 cm, cm^{2}도 혼돈해서 쓰면 안 된다는 것을 강조하면 저절로 체화한다.

넓이 단위 1cm^{2}라는 것은 가로, 세로 각 1cm로 둘러싸인 정사각형의 내부인데 아이들에게는 같은 크기의 딱지로 설명하면 쉽게 이해한다.

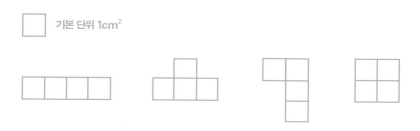

□ 기본 단위 1cm^2

즉 위 그림처럼 여러 가지 모양으로 구성된 4cm^{2}도 모두 기본 단위인 1cm^2 딱지 4개로 되어 있다. 이렇게 다루면 정형화된 직사각형의 넓이가 가로×세로인 이유가 바로 딱지의 개수를 세는 행위임을 깨닫게 된다. 그러니까 어떤 도형이든 직사각형으로 만들 수만 있다면 넓이는 간단해진다는 데까지 생각이 닿아야 공식에 연연하지 않고 직사각형을 만드는 데 에너지를 쏟게 된다.

그것의 대표적인 보기가 삼각형의 넓이이다. 일단 사각형의 넓이를 얻은 후에 반으로 잘라 버리는 고도의 수학적 행위를 간결하게 나타낸 것이 '삼각형의 넓이=밑변(가로)×높이(세로)÷2'이다.

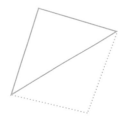

평행사변형도 사다리꼴도 모두 직사각형으로 변형시켜 문제를 해결하는 능력을 키우는 것이 도형 수업이다.

이런 논리에서 다음과 같은 공식이 나온 것이다.

평행사변형 넓이 = 밑변 × 높이
사다리꼴 넓이 = (아랫변 + 윗변) × 높이 ÷ 2

평행사변형의 밑변은 가로일 뿐이고 높이는 세로이며 사다리꼴의 (아랫변+윗변)도 가로일 뿐이고 높이는 세로일 뿐이다. 그런 논리 위에 마름모의 넓이는 '대각선×대각선÷2'로 해결하는 것이다.

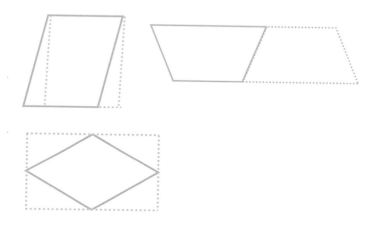

또 다른 보기로 원의 넓이를 살펴보자.

원의 넓이도 넓이의 기본 단위인 정사각형 1cm²가 얼마인지로 나타내는 일이라는 것을 알아야 한다. 원 넓이를 내는 공식 '반지름×반지름×3.14'를 외우는 게 능사가 아니다. 이 원리는 길이 단위는 1cm의 기호로 나타내고 넓이의 기본 단위가 cm²로 나타내는 것이라는 개념이 정립되어야 나중에 부피도 1cm³의 기호로 나타낼 수밖에 없는 약속된 어법이라는 사실을 깨닫게 된다.

원주와 원주율

① 원은 어떤 크기이든 모양이 같다는 성질에서 지름과 원주의 관계도 일정한 비율이 생기지 않겠는가의 가설을 유도한다.

② 주변에 있는 원 3~4개 정도를 선택하여 줄자로 지름과 원주를
재어 보게 해서 어느 원이든지 원주는 지름의 약 3배가 조금 넘
는다는 것을 경험하게 하면 가설이 타당함을 인정하게 된다. 그
런 다음에 그 일정한 비율이 3.14로서 원주율이고 문자로는 π를
사용한다는 것까지 지도한다.

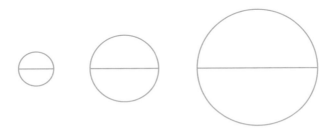

원의 넓이

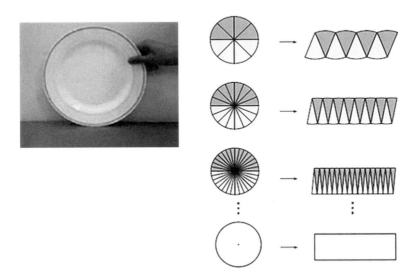

원의 테두리에 물감을 묻혀서 굴려 보면 그 자국이 직선임을 알 수 있다. 거기서 원에도 직사각형의 요소가 있다는 것을 자연스레 추리하고 바로 이 아이디어에서 위 그림과 같이 원을 아주 작게 쪼개서 직사각형을 만든 후에 넓이를 구하면 된다는 논리를 찾을 수 있다.

이런 역동적인 활동은 나중에 부채꼴, 호의 길이 등 원과 관련된 활동을 할 때 머릿속에서 이동하고 쪼개고 붙일 수 있는 응용력으로 저장된다. 모든 도형의 넓이 지도는 '1cm²가 얼마인가?'로 귀결된다는 것을 알면 수학이 쉬워진다.

7장

수학을 힘들어하는
우리 아이 어쩌지요?

사고와 정서는
회전문이다

세계적인 물리학자 리처드 파인먼Ricard Phillips Feynman은 "문제는 풀지 않고 느꼈다."고 했다. 그가 말하는 느낌이란 어떤 정보를 보고 '왠지?', '어쩐지!', '확실하지는 않지만?', '지난번과 비슷하군?'과 같은 상태로서 문제 해결을 위한 시동을 거는 단계라고 볼 수 있다. 이런 불확실하지만 본능적이고 감정적인 데서 출발한 느낌은 자유로운 내부적 사고를 거치며 수학적 용어와 기호를 통하여 정립된다. 어떤 문제든 처음에는 지극히 정서적이고 직관적인 데서 출발하여 사고로 발전한다는 말이다.

따라서 사고와 정서는 회전문처럼 반복하면서 단계가 올라가고 논리가 정교해진다. 그런데 공식이나 남으로부터 배워서 문제를 풀었던 아이라면 자기의 느낌보다는 풀었던 기억을 되살리게 되고, 만약 그것을 잊어버렸다면 풀기도, 응용도 어려워진다. 그러나 정서적인 것은 누구의 강요에 의한 것이 아니라 자기 내면에서 자발적으로 일어난 것이기 때문에 잊히지 않고 문제 해결에 크나큰 동력이 된다.

그렇다면 지금 우리는 아이들에게 무언가를 느끼는 기회를 주고 있는지 점검해 볼 필요가 있다. 초시계로 1분에 몇 문항을 푸는지, 오답은 몇 %인지, 하루에 몇 장씩 하는지를 닦달하는 통에 사고는커녕 수학에 질려 버리게 하고 있지 않은가. 아마도 이렇게 말하는 부모들도 있을 것이다.

"그럼 어려운 수학은 시키지 말라는 말인가요?"

아니, 절대로 그렇지 않다. 어떤 수학이라도 많이 하면 할수록 좋다. 그러나 지금 적용하고 있는 방법들은 아이들의 사고력을 키우지 않고 기억과 반복에 너무 치우쳐 있으니 방법을 바꿔 보자는 것이다.

첫사랑보다
진한 첫 수학

첫사랑을 못 잊어 두 번째 사랑을 하지 못하는 경우보다 첫 수학을
못 잊어 다음 수학을 하지 못하는 경우가 더 많은 것 같다. 처음 수학
을 대할 때 스스로 진중하게 관찰한다든지 골똘히 생각하기보다는
등 떠밀려 계산부터 한 아이들은 수학의 첫 단추가 숫자만 보면 계
산을 해야 할 것 같은 기분에 꿰어져 있다.

문제 행간의 현상이나 가정보다는 우선 눈에 띄는 숫자들로 뭐라도
해 본 반사적 경험이 치열한 사고가 필요할 때 도리어 방해가 된다. 일
단 문제를 다 분석하고 난 후에 제공된 숫자들을 계산하면 좋으련만

그저 본능적으로 더하고 빼느라 오히려 문제가 엉클어지고 만다. 첫 수학에 대한 경험이 내 의지가 반영되기도 전에 부모가 시켜서 한 기계적인 계산이 대부분이었으니 응용문제 앞에서 쩔쩔맬 수밖에 없다.

그렇게 되니 그냥 계산만 맞으면 다른 방법이 있든 말든 더 깊게 생각하기를 멈춘다. 심지어 계산만 맞았으면 되지 않느냐고 쳐다보는 아이에게는 할 말이 없어진다.

나무랄 수도 없다. 하지만 이런 아이들은 저학년 문장제에 들어가거나, 점점 학년이 올라가면서 너나없이 수포자의 길로 향한다. 이런 현상은 서서히 나타나고 계속 밀어붙이는 탓에 쉽게 드러나지 않아 오히려 더 큰 문제가 된다. 수학의 첫 경험이 계산이었으니 계산은 할 수 있으나 과정을 분석하는 일은 힘들어하는 게 당연하다.

첫 수학을 '관찰하기'나 '생각하기'로 시작했다면 무조건 달려들어 계산하기 전에 골똘히 생각하는 행동을 할 것이다. 실제로 어릴 때부터 계산에서 벗어나 관찰하기, 비교하기, 단순하게 만들기 등 사고 중심 활동을 한 아이들은 그런 부작용이 없다.

오히려 문제가 복잡해질수록 간단한 그림으로 구조화해 본다든지 문장에 기술한 대로 순서를 매겨 본다든지 하면서 자기의 생각을 펼쳐 나가는 과정을 은근히 즐긴다. 그만큼 수학 공부의 첫 시작 방법이 중요하다.

저학년을 위한
연산 연습 꿀팁

연산의 의미가 무엇인지 체험한 다음에는 연습 단계에 들어가는데 일단 NPNP로 한다. 더하기는 지정한 어떤 수에 2~9씩 더해 본다. 사람은 변화가 많으면 불안해하고 변화가 없으면 지루해하는 특성이 있으므로 변화와 안정을 적절히 안배하는 것이 좋다.

더하기 예

① 24+2, 24+3, 24+4, 24+5, 24+6, 24+7, 24+8, 24+9 등으로 수를 확장한다. 처음에는 순차적으로 하는 것이 좋다.

② 24+12, 24+13, 24+14…

24+22, 24+23, 24+24…

이렇게 더해지는 수를 고정시켜 안정감을 주고, 더하는 수를 변화시켜 조금씩 나아가면 언젠가는 아이가 스스로 다음 단계로 넘어가게 된다. 어려운 것을 힘겹게 푼 아이들과는 다르다.

빼기 예

좀 빠른 아이는 100부터 시작하고 느린 아이는 30~50 정도에서 시작한다. 그냥 머릿속으로 지정된 수를 생각하고 2~9씩 빼 본다. 이럴 때 손가락 사용을 권하면 어떻게든 쓰지 않고 해 보려고 노력할 것이다.

① 50에서 4씩 빼 본다. 50-46-42-38-34…

② 100에서 6씩 빼 본다. 100-94-88-82-76…

연필과 종이를 쓰지 않기 때문에 사고가 훨씬 치열하고 몰입도가 높아 10~20분 정도만 해도 학습지 수십 페이지를 하는 효과가 있다. 힘든 점이라면 반드시 1:1로 지도해야 한다는 것이다. 부모는 할 수 있으나 화를 내기 쉽고 교사에게는 격무가 된다. 그러나 효과를 생각한다면 그게 훨씬 경제적인 지도법이 될 수 있다. 더하기도 해 보고, 나중에는 나누기가 연속 빼기라는 전제하에 100÷20, 100÷30, 100÷40 등으로 확장하면 사칙연산이 통합적으로 완성된다.

발가락도 쓰게 하자

우리는 왜 연산을 할 때 손가락 쓰는 것을 권장하지 않을까? 머리가 나빠 보여서? 물론 손가락을 쓰지 않고 문제를 보자마자 바로바로 알면 얼마나 좋을까마는 그게 힘든 아이가 많다.

그런데 손가락을 쓰면 왜 안 될까? 척 봐서 얼마인지 몰라서 손가락이라도 쓰려는데 그걸 못하게 하면 다리 아픈 아이에게 목발을 뺏는 것과 같지 않은가. 그것은 다리가 나으면 짚으라고 해도 안 짚을 아이에게 목발 없이 걸으라고 강요하는 것이나 다름없다. 아이에게는 손가락이 나름 계산기인데 동냥은 못 해 줄망정 쪽박을 깨듯이 그걸 뺏다니!

손가락을 못 쓰게 하는 이유가 머리를 쓰게 하려는 데 있다면 더욱 실컷 사용하게 하자. 왜냐하면 숫자를 보고 그에 해당하는 수량을 머리로 떠올리려는 본능적 노력이기 때문이다. 구체물을 보아야 사고가 된다면 손가락이 아니라 발가락도 쓰게 하자. 사고가 잘 일어나라고 스토리텔링 수업, 교구, 나아가 체험 수업까지 동원하는 마당에 손가락은 가성비가 갑인 교구 아닌가. 그걸로 왜 아이에게 수치심, 심지어 죄의식까지 심어 주는가?

세상에 어느 아이가 머리 셈이 되는데 손가락 셈을 굳이 하겠는가? 손가락을 많이 사용하다가 머리로 상상이 되면 저절로 안 하게 되어 있다. 손가락에만 의존할까 걱정할 필요는 없다. 권장하면 오히려 더 빨리 머리 셈으로 갈 수도 있으니 아이들이 자유롭게 계산하게 해 주자.

04

사고력을 키우는
3금 3행

아이들이 자기 의지 없이 몇 학년 몇 학기는 어떻게, 무슨 단원은 뭐를 보고 하는 식으로 공부해 둔 것은 별 도움이 되지 않는다. 정서를 통해 형성되지 않은 지식은 뇌가 강력하게 붙잡아 둘 수가 없기 때문이다. 그러나 사고가 활발하게 된 아이라면 그렇게 세세하게 지도하지 않아도 스스로의 힘으로 공부를 하게 되어 있다.

손흥민 선수의 아버지 교육에 관심을 갖는 사람이 많다. 그는 '기본기와 인성' 딱 2가지만 강조한다. 이것을 수학에 대입하면 '사고력과 근성'이라고 할 수 있다. 기본기 없이 프리킥은 이렇게, 코너킥은 저렇게, 슛은 어떻고 하는 것은 재능 있는 선수를 망가뜨린다. 이처럼 수학도 사고력 없이 연산은 이렇게, 문장제는 저렇게, 교과는 언제부터 운운하면 아이를 조급하게 만들고, 주눅 들게 하며, 아이에게 수학을 버거운 과목으로 받아들이게 한다. 늦어도 초등 4학년까지는 사고에 중점을 두어야 한다. 그리고 3금 3행을 지켜야 한다.

3금

- 실생활 장면이 떠오르지 않는 반복 연산 금지
- 괜히 어려운 문제 떠듬떠듬 풀지 않기
- 진도에 연연하지 않는다는 거짓말을 하지 않기

3행

- 문제 장면을 그림으로 그려 보기
- 반드시 수식으로 나타내 보기
- 40% 정도는 설명해 보기

초등 저학년에서는 자기의 느낌을 말하는 정도만 해도 족하다. 아무리 어린 아이라도 자기 머릿속에 구도가 그려지면 말이 부족하면 표정으로, 그것도 안 되면 눈빛으로도 표현할 수 있다. 그게 쌓이면 진짜 토론을 할 수 있게 된다. 그럼 언제까지 3행을 해야 할까? 아이가 그것을 하지 않아도 저절로 풀게 되면 기본기가 완성된 것이다.

05

문제를 제대로
안 읽어요

애들은 왜 문제를 제대로 읽지 않을까? 성질이 급해서? 덤벙거리는 습관이 있어서? 혼이 덜 나서? 조심성이 없어서? 나는 첫 수학 행위가 계산이었거나 그 비중이 컸기 때문에 문제는 건성으로 읽고 일단 나오는 수들로 계산을 하는 패턴이 장착되었기 때문이라고 본다.

문제를 잘 읽는 것은 마음만 먹으면 될 것 같지만 그렇게 마음먹는 일도 습관이 안 되면 어렵다. 거기다 초등 수학에는 문제가 단순하게 구성된 것이 많아서 그냥 문제에 나와 있는 몇몇 수로 대충 계산해도 답을 맞히기 쉽다. 이런 식으로 답을 맞힌 경험이 쌓이면 문제를 제대로 안 읽는 경우가 많다.

지문에서 뭐라고 하든 말든 아이들은 '됐고, 어떻게 계산할까?'라는 반응이 자동으로 나온다. 이럴 때 문제를 소리로 바꾸어 보면 어떨까? 처음 문제를 풀 때 소리 내어 읽게 하는 것이다. 소리는 내 의지와 관계없이 내 귀에 꽂히는 법이니까…. 그러니까 문제가 틀렸을 때만 소리 내어 다시 읽게 하는 것은 답을 맞히고자 하는 것이고, 처음부터 소리 내어 읽게 하는 것은 문제를 잘 읽는 능력을 기르고자 하는 것이다.

매일 10여 문제씩 3~4개월만 문제를 풀기 전에 읽는 연습을 하면 실수를 줄일 수 있다. 왜냐하면 문제는 읽는 것이라는 패턴이 장착되기 때문이다. '제발 정신 차리라고', '집중하라고', '이런 식으로 또 틀리면 야단치겠다.'고 으름장을 놔 봤자 습관이 잡히지 않으면 중요한 순간에 또 문제를 읽지 않는다. 사고력 위에 습관이 있다. 습관을 잘 들이자.

06

연산은 되는데
응용을 못해요

응용문제를 잘 이해하기 위해 국어학원에 다니는 학생도 있다. 문제의 뜻을 잘 이해할 것이라는 기대 때문이다. 그러나 응용문제를 못 푸는 이유는 아이가 문제에 나오는 단어를 몰라서가 아니라 그들의 관계나 구조 분석이 안 되기 때문이다. 마치 영어를 읽기는 하지만 해석을 하지 못하는 것과 같다. 문장을 분석하여 '누가 누구에게', '누가 얼마나', '어느 사건이 먼저', '몇 배가 어떻게' 등의 수학적 요소나 관계를 상상하지 못하기 때문에 '읽기는 읽되 알 수는 없는' 상태가 되어 응용문제는 풀 수 없는 것이다. 문제를 이해하지 못하는데 날고기는 연산 실력이 무슨 힘을 발휘할 수 있겠는가.

그럼 어떻게 해야 할까? 문제는 간단하다. 그림을 그리면 된다. 언제부터 그리면 좋을까? 어릴수록 좋다. 못 생기게 그려도 좋다. 알아볼 수 있게만 그리면 된다.

다음 예시를 보자.

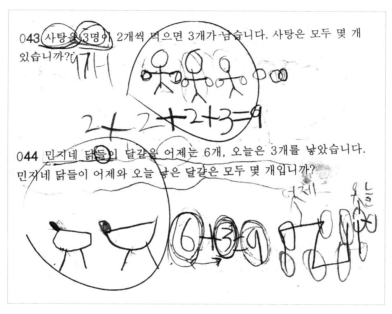

문제의 상황을 그림으로 그리기

문제의 장면을 자기 나름대로 그려서 식으로 발전시키는 활동이다. 양손에 사탕을 하나씩 쥐고 있는 그림이 얼마나 생생한가. 그 아래에 닭 2마리를 그린 것을 보라. 알타미라 동굴 그림 못지않게 싱싱하고 뚜렷하다. 그리고 또박또박 그림을 식으로 발전시킨 사고 활동을 보라.

이런 식으로 각 단계에 맞게 100문제만 그려 보면 아이의 뇌는 변한다. 친절한 교사의 설명보다 훨씬 효과적이다. 목소리 높여 여러 번 설명하는 것보다 직접 하게 해 보라. 오죽하면 백문이 불여일견일까? 비법이라고 할 것도 없이 연산이든 응용이든 그 장면이 머리에 그려지면 풀 수 있다. 남에게 배운 방법은 잊어도 자기가 해 본 것은 절대로 잊지 못한다. 이 뻔한 이치를 수학 지도에 활용하자.

배운 대로만 푸는 것은 사고력이 아니라 기억력일 뿐이다. 그렇게라도 반복하는 중에 깨달음이 없지는 않겠으나 문제를 배우고 또 배우고, 풀고 또 풀어서 답이 맞았다고 좋아하지 마라. 응용이 안 되면 거기서 그친다. 답만 보면 사고력으로 풀었는지 기억력으로 풀었는지 구별이 어렵다. 심지어 사고력으로 풀면 꾸물거리거나 틀릴 확률도 높아 그만 달려들어 가르치고 마는 어른이 되기 쉽다. 그래도 참아야 한다. 언제까지? 될 때까지!

사고력 수업은 저학년에서나 하지 고학년이 되면 진도를 못 나간다고 걱정하는 부모가 많다. 하지만 어릴 때부터 그림을 그려 가며 공부한 아이들이 고학년이 되어서 못하는 아이를 보지 못했다. 더구나 급하게 진도를 나간 아이들이 잘하는 것은 더더욱 보지 못했다.

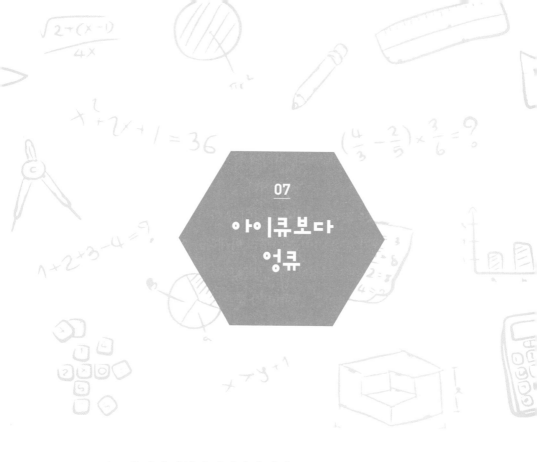

07

아이큐보다
엉큐

요즈음처럼 다양한 사회에서 아이큐는 옛날만큼 비중이 크지 않다고 하더라도 학습 측면에서는 여전히 중요한 요소이다. 아이큐가 높은 아이는 가르쳐 보면 다르다. 그러나 평생 가르치는 일만 해 온 내 눈에는 그게 다가 아니다. 높은 지능으로 개념을 이해한다고 해도 바로 문제해결력으로 직결되지 않기 때문에 아이큐보다 더 높은 능력이 필요하다. 이름 하여 엉큐이다. 그럼 엉큐는 뭘까?

이해력이 좋은 아이들은 높은 아이큐로 어느 정도까지는 빠르게 해결할 수 있다. 하지만 모든 것을 다 할 수 있는 것은 아니다. 그러나 이해를 넘어 개념의 터득에까지 이르면 복합적이든 응용문제든 바로 해결할 수 있게 된다. 결국 개념 이해 → 개념 터득 단계로까지 발전해야 실력이 는다는 말이다. 여기에 꼭 필요한 덕목은 아이큐보다 더 중요한 엉덩이의 힘, 즉 '엉큐'이다.

머리 좋은 아이는 많다. 그러나 엉덩이 힘까지 좋은 아이는 그리 많지 않다. 아이큐가 높은 아이는 아무리 이해하는 힘이 크더라도 연습이라든지 반복이라는 과정을 거치지 않으면 그저 좀 잘하는 아이에 머물기 쉽다. 그런 아이는 늘 '머리가 좋으니 하기만 하면'이란 전제를 달고 다닌다. 여기서 '머리가 좋으니'는 아이큐이고, '하기만 하면'이 엉큐이다.

그런데 '하기만 하면'의 동기는 훨씬 더 정서적이기 때문에 공부 방법이 기계적이면 아무리 머리 좋은 아이일지라도 개념을 깨달을 때의 희열이 없어 열심히 하려는 동력을 얻지 못한다. 게다가 학년이 올라갈수록 본인의 능력으로는 감당이 안 되는 단계에 이르면 수학이 어려워지고 아까운 능력이 빛을 발하지 못하고 만다.

이것을 다음과 같은 선순환으로 바꾸어 줄 필요가 있다. 먼저 반드시 사고가 동반된 개념 형성을 시킨다. (이유를 모르고 쌓은 실력은 오히려 다음 이해를 방해하기 쉽다. 경험상 이해력이 높은 아이일수록 자기 나름의 엉뚱한 결론을 내리면서도 자신은 없는 께름한 불안에 시달렸다.) 이해를 한 뒤 연습을 통하여 개념이 터득되면 더 하고 싶어지고, 더 하다 보면 응용력이 생기는 선순환을 만들어 주는 것이다.

'머리가 좋으니'란 말은 엉큐 앞에서는 아주 작은 변수이고, 그 반대도 마찬가지이다. 이런 순환고리를 만들고 나면 수학이 재미있어지는데 그 방법을 몰라 여전히 수학에 시달리는 아이들을 보면 안타깝기 그지없다.

08

생각의 모래주머니를 달아 보자

생각의 모래주머니를 차게 하는 것은 선진도를 경계하는 견해와 반대인 것 같지만 사고를 담금질한다는 점에서 좋은 방법이다. 마치 육상 선수들이 다리 힘을 올리기 위해 모래주머니를 차고 훈련하다가 나중에 풀고 달리면 그 속도가 빨라지는 것처럼 일단 문제를 풀 때 "도와주세요."를 외치지 못하게 한다. 그러나 가만히 있어도 안 된다.

스스로 어떻게 하든, 문제를 간단한 만화로 그려 본다든지 막대기로 나타내는 등 어떤 식으로든 끄적거려 보게 하는 훈련을 시킨다. 사고가 활발한 아이는 문제를 읽는 순간 정황이 머리에 그려지겠지

만 그렇지 못한 아이라도 쉬운 문제부터 이런 훈련을 시키면 놀랍게
도 어느새 수학을 잘하는 아이로 바뀌는 것을 자주 본다.

다음은 아이가 선분도로 사고한 흔적이다.

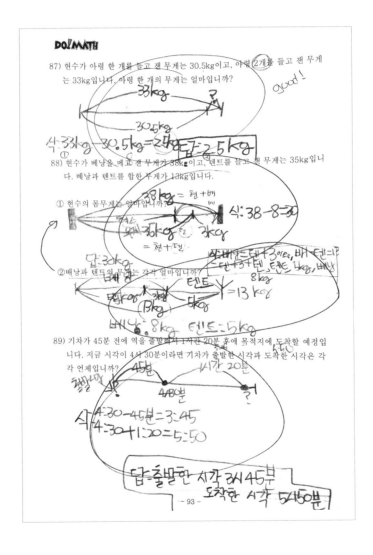

09
1에서 출발하여
수의 바다로

겨우 1개는 시시한가? 2개, 3개는 1개보다 더 나은 수인가? 그렇지 않다. 모두 1이 여러 개 모인 것일 뿐이다.

$$1 = 1 \qquad 2 = 1 + 1 \qquad 3 = 1 + 1 + 1$$

이런 식으로 수를 이해하고 있는 아이는 수의 모으기, 가르기가 유연하다. 수의 특성은 그냥 말로 하는 것보다 위에서처럼 수식으로 또박또박 나타내 보는 것이 효과적이다.

익숙해지면 다음과 같이 항을 늘려 가며 연습한다.

$$4 = 1 + 5 - 2 \qquad 5 = 3 \times 3 - 4 \qquad 10 = 20 - 5 - 3 - 4 + 2$$

이런 수식화 작업을 할 때 자연수의 출발은 1임을 확실하게 인식시키며, 계산 방법도 다양하고 자유롭게 나타내 보게 한다.

나아가 쓰지 않고도 머릿속에서 합성과 분해가 자유롭게 일어날 수 있도록 연습하는 것이 좋다. 1, 2학년은 100 이하의 수에서 자유자재로 연습이 되면 큰 수로 확장하는 것이 쉬워진다. 꼭 낮은 단계에서 충분히 연습하기를 권한다. 이것은 계산법을 알아 두었다가 그 방법대로 암산하는 것과는 다르다.

이런 식으로 나누기를 머릿속으로 자유롭게 하는 연습 중에, 세로셈 형식으로 하는 나눗셈법을 미리 배워 온 아이가 큰 수 나눗셈은 종이가 없으면 못한다고 울상을 지었다. 540÷100이란 문제는 세로셈 형식으로 쓰지 않고는 못 푼다고 하기에, 말로 100을 5번 빼면 40이 남으니 몫은 5이고 나머지는 40이 된다고 말해 주었더니 바로 알아듣고 다음과 같은 식을 썼다.

$$540 - 100 - 100 - 100 - 100 - 100 = 40$$

이런 방법으로 수를 줄여서, 또는 풀어서 쓰는 훈련을 많이 하면 수를 다루는 일이 자유로워진다.

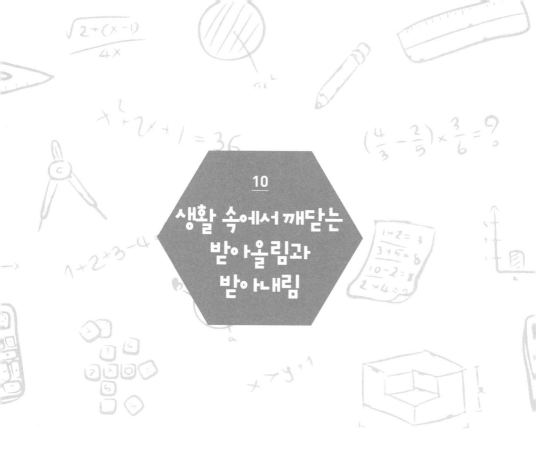

10

생활 속에서 깨닫는 받아올림과 받아내림

누가 당신에게 진주 구슬을 잔뜩 주었다고 하자. 그냥 통 속에 담아 놓을 수도 있겠으나 그게 모두 몇 개인지 알고 싶을 것이다. 1개, 2개 세다가 보면 얼마 못 가서 모두 몇 개인지 잊어버릴 확률이 높다. 게 다가 구슬이 이리저리 굴러다닌다면 얼마나 난감하겠는가? 그래서 구슬을 10개씩 꿰니 10개씩 꿴 꾸러미 6개와 낱개 구슬이 2개 남았다.

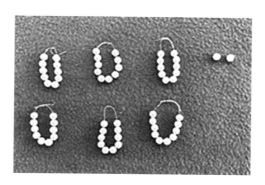

구슬 6꾸러미와 낱개 2개

　여기서 10개씩 묶어 여섯 꾸러미를 만들고 남은 2개를 합해서 모두 62라고 하는 것이다. 그런데 누가 구슬 7개만 달라고 하면 당신은 어떻게 하겠는가? 10개짜리 꾸러미 하나를 풀고 거기서 7개를 다 빼든지 5개만 빼고 낱개로 있던 2개와 합하여 주든지 할 것이다. 이 상황이 받아올림과 받아내림의 전부이다. 아이가 이 상황을 머리에 그릴 수 있다면 아래 그림처럼 '6에 작대기 긋고 5 쓰고 10 내려서…' 운운할 필요가 없어지는 것이다.

5 10

6̸2

−　　7

—————

받아내림의 세로 셈

진법이란 견해에서 세상을 보면 양말은 2진법, 세발자전거는 3진법, 윷은 4진법, 농구는 5진법, 배구는 6진법, 1주일은 7진법, 1년은 12진법이다. 사실 우리는 모두 거대한 진법의 세계에서 살아가는 셈이다. 그래서 10일을 망설임 없이 1주일과 3일로 받아들인다.

결국은 받아올림과 받아내림은 복잡하면 살 수가 없는 인간의 본성을 수학적으로 해결해 놓은 방법에 지나지 않는다. 그런 걸 마치 태초부터 그렇게 해 왔던 것처럼 가르치면 아이들은 꾸역꾸역 해야 하는 고역, 그저 하라니까 하는 공부로 생각하기 쉽다.

여기서 하나 짚고 넘어갈 것은 위에서 10개씩 꿰었기 때문에 10을 올리고 내리는 것이지 만약 8개씩 꿰었다면 8을 받아 올리거나 내려야 한다. 현재 온 세계가 보편적으로 사용하는 10씩 묶어 처리하는 법을 십진법이라고 한다. 이런 삶의 현실적인 상황을 알고 공부해야 아이들은 자기에게 필요한 대로 다양한 수로 묶고 풀고 꿰며 자기 주도적 학습의 모형을 경험할 수 있다.

우리가 다루고 있는 수 체계는 어디까지나 필요에 따라 만들어 쓰는 도구임을 알아야 한다. 그래야 수학을 대하는 태도가 저절로 자기 주도적으로 된다. 무엇보다 중요한 것은 교사의 수학 교육에 대한 철학이다. 철학은 곧 정신이고, 정신은 반드시 전달된다.

교구 & 문제집 선택과 활용
기억에 남는 사례들

교구 & 문제집 선택과 활용

1. 교구를 잘 활용하는 법

맨손 수업과 교구 수업을 비교하라면 그래도 교구 수업이 더 성의가 있어 보일 것이다. 그러나 절대 우위는 없다. 아무리 좋은 교구라도 시의 적절하게 투입되지 않으면 효과가 낮을뿐더러 잘못하면 부작용까지 생기니 아니함만 못할 때도 있다. 그렇다면 어떻게 해야 교구 사용의 효과를 극대화시킬 수 있는지 몇 가지 항목을 통하여 알아보자.

1) 놀이 수학의 한계에 선 아이들

교구를 가지고 놀이를 하면서 수학을 배운다고 하면 일단 수학의 딱딱함과 지루함을 없앨 수 있는 이점이 있어 보인다. 그게 교구 수학의 최대 장점이기도 하다. 그래서 어린아이들에게 놀이 수학을 많이 시킨다. 학부모들과 상담을 해 보면 많은 아이가 학습지를 비롯하여 놀이를 곁들인 다양한 수학 프로그램을 하고 있었다.

놀이 수학을 선택한 부모 중에는 '아무쪼록 이게 나중에 학습 능력으로 직결되기를' 간절히 바라는 사람이 많다. 그런데 '놀이 수학'이라는 용어에 너무 얽매이지 말기 바란다. 놀이 수학이라고 해도 교육적 방점은 놀이에 있는 것이 아니라 수학에 있다. 그러니 놀이는 많이 했는데, 그때 재미도 있었는데 수학적 사고력은 희미하고 단지 무얼 재미있게 가지고 놀았다는 추억만 있다면 잘한 것이 아니다.

자기가 한 놀이의 구성 중에서 머릿속에 또렷하게 기호화되든지 수식화되든지, 하다못해 유치한 표현이라도 자기 언어로 설명할 수 있게까지 끌고 가지 않으면 아니함만 못할 수도 있다. 수학을 이유식처럼 놀이로만 접근한 아이는 조금만 어려워도 피하고 싶어 하기 때문이다. 반드시 놀이와 사고를 거친 수식 사이의 연결고리가 필요하다.

반대로 수학 공부를 학습지로 시작한 부모들은 놀이를 많이 못 시켜 다양한 사고력이나 창의성, 응용력이 떨어지면 어쩌나 걱정한다. 어차피 수학은 놀이로 시작해도 수식으로 가야 하고, 수식을 봐도 구체적 상황으로 변환할 수 있는 사고력을 발달시키는 일이다. 어느 것이든 한 가지 방법만으로 수학 사고력을 발달시키는 것은 역부족이다. 아이들에게 좋은 프로그램을 제공하려면 접근 방법의 장점이나 한계점에 대해 분명히 아는 것이 우선되어야 한다.

2) 효과적인 놀이 수학

엄마가 수학을 싫어했거나 수포자일수록 아이에게 수학을 재미있고 즐겁게 가르치기를 원한다. 쓴 약을 캡슐에 담아 넘기듯 어려운 수학을 놀이로 코팅해서 쉽게 접근시키고 싶은 마음이겠지만 자칫하면 놀이만으로는 재미있고 즐겁기만 할 뿐 더 이상의 논리에 접근하지 못한다. 어차피 고도의 정신노동이 필요한 수학을 놀이화한 것이라 사고와 놀이를 연결하지 않으면 놀이 수학을 한 아이는 조금만 어려워도 피하려 하고, 무작정 문제만 푼 아이는 응용력이 떨어진다.

놀이의 추억만으로는 수학적 논리까지 밀고 올라갈 수 없다. 놀이가 진정한 수학 실력으로 승화되기 위해서는 어떤 교구라도 아이들의 사고력을 자극하고, 이윽고 다른 정보와 결합하여 새로운 지식을 탄생시켜야 한다. 그렇지 않고 '이 놀이는 뭐가 좋아도 좋을 거야.' 하는 마음으로 교구 수학을 하다 보면 보드게임이나 마방진처럼 상당히 수학적이고 정교한 교구인데도 불구하고 논리적 사고와 연결되지 못하고 그런 대로 재미있었던 놀이 기구에만 머무르고 만다.

교구 수학이 진정으로 효과적이려면 교사는 그 놀이가 아이 머릿속에서 반드시 수학적 사고와 연계되도록 자극하고, 또 그것이 수식화되고 있는지를 확인해야 한다.

3) 너무 자극적인 색은 피한다

사람들이 무슨 생각을 골똘히 해야 한다면 눈을 부릅뜰까, 감을까? 혹시 눈을 부릅뜨고 깊은 생각을 한다는 사람이 있을까? 그런 사람은 없을 것이다. 대부분 눈을 감고 생각을 가다듬는다. 그렇게 무의식적으로라도 눈을 감는 이유는 무엇일까? 생각에 집중하기 위해서이다. 눈을 감는 것도 모자라 귀를 틀어막는 사람도 있는데 이 모든 것이 사고를 잘하기 위한 본능적인 행동이다.

따라서 교구는 보지도 않고 듣지도 않고 오직 사고로만 해결할 때 집중이 가장 잘되는 인간의 심리적인 면에 근거를 두고 만들어진 것이 좋다. 아이들이 원색을 좋아한다고 해서 교구를 너무 알록달록하게 만들면 색깔 자체에 함몰되어 정작 그것을 통해 일으켜야 할 사고가 산만해진다. 무채색이나 단조로운 색상에 촉감이 고급스러운 것이 오히려 좋다. 사고를 자극하는 데는 촉감도 아주 강하게 작용한다.

4) 완성형 교구는 사고를 제한한다

교구가 자동차나 인형이 아니라면 그것이 무엇이 될지 알지 못하는 미완성형이 좋다. 자기 마음대로 변형시키고 조작할 수 있는 것이 훨씬 자유롭게 사고하고 무언가 스스로 해 보려는 의욕을 불러일으킨다는 것은 상식이다.

그런 점에서 보자면 백화점이나 큰 쇼핑몰 같은 데는 그야말로 어린이 천국이다. 안전성, 접근성, 휴식 공간도 함께 있어 온종일 놀아도 그 안에서 다 해결된다. 그런데 그런 곳에 가면 늘 아쉬운 부분이 있다. 모든 게 지나칠 정도로 완벽하다는 점이다.

고상한 디자인과 편리의 극치를 달리는 시설물, 그리고 최상의 서비스가 제공되는 그곳에서 아이들은 그저 누리고 즐기고 행복하기만 하면 된다. 그러나 아이들의 사고력 발달이라는 측면에서는 오히려 아쉬움이 있다.

5) 자연도 교구이다

요즘 아이들은 과거에 비해 이기적인 면이 있다. 실컷 놀지 못하고 공부에 시달려서 그런지 친구들의 작은 실수를 그냥 넘기지 못하고 사사건건 꼬투리를 잡는 등 신경질적인 반응을 보인다. 반대로 자기의 실수에 대해서는 책임을 회피하고, 심지어 다른 데서 이유를 찾기도 한다. 그런데 엄밀히 말하자면 문제 행동의 책임은 어른에게 있다.

아이들을 정말 잘 키우고자 하는 엄마들이 그룹을 만들어 소위 교육적이라면 무엇이든 앞다투어 찾아다니는 모임이 있었다. 어느 날 그 엄마들이 내게 물었다.

"어떻게 하면 아이들이 순수하고 부드러워질까요? 자연 속에서 키우면 다 좋아질까요?"

"자연은 순수와 부드러움뿐 아니라 아이들에게 폭넓은 지혜와 야성도 길러 준

답니다. 무료 종합학교인 셈이지요."

지극히 교과서적인 답이었고, 사실 엄마들은 이미 답을 알고 동의를 구하는 절차 정도의 질문을 한 것이었다. 그런데 바로 그 순간에 일행 중 한 명이 전화로 콘도를 예약하기 시작했다. 회원권이 있어서 예약만 되면 당장이라도 아이들과 달려갈 기세였다.

"잠깐만요!"

나는 일단 콘도 예약을 막았다. 갑작스러운 저지에 엄마들은 의아한 듯 쳐다보았다.

"아이들을 자연으로 데리고 가시려는 거 맞죠?"

"네! 그래서 콘도로 가려고요."

"콘도를 자연이라고 할 수 있을까요?"

"콘도는 자연이 아닌가요?"

"물론 서울보다야 자연과 가깝지만 엄밀하게 보자면 자연 근처에 있는 시설이라고 해야 맞지 않을까요?"

내 말이 너무 억지 같다는 생각을 했을지도 모를 일이다. 수긍하지 못하는 듯한 표정의 엄마들에게 내가 생각하는 자연관을 들려주었다.

일단 자연이라는 단어의 말뜻을 보자. 스스로 자(自), 그럴 연(然), 즉 스스로 그러하게 존재한다는 뜻이다.

그렇다면 인간의 뚜렷한 의지가 고스란히 담긴 콘도나 공원은 엄밀하게 보아 자연이라고 할 수 있을까? 자연을 최대한 이용한 인공 시설물이라고 해야 옳다. 자연은 인간의 의지나 감성이 즉시 발현될 수 있는 가공되지 않은 대상이다.

콘도나 공원은 아이들이 그 속으로 들어가 자기 의지대로 뛰고 뒹굴고 소리 지르며 나무를 꺾고 다듬고 돌을 옮겨 물길을 바꾸어 볼 수가 없다. 아예 바꾸어 보려는 의지 자체가 생기지 않도록 설계되어 있기 때문이다. 그곳을 설계한 사람의 의지대로 시설물을 훼손하지 않으려고 조심하면서, 설계자가 만들어 놓은 길로 다니고, 꾸며 놓은 자연물을 감상하며 쾌적한 환경에서 시간을 보낼 수 있을 따름이다.

거기서 며칠을 보냈다고 해서 아이들이 순화되지는 않는다. 물론 안 가는 것보다야 낫긴 할 것이다. 콘도에 갈 거라면 차라리 건물이나 시설 없이 그저 나무와 땅과 풀과 작은 물웅덩이만 있는, 집에서 가까운 이름 없는 자연에 아이들을 두는 것이 좋다.

아이들은 처음에 '뭘 하면서 놀지?', '심심해.'를 연발하다가 지루함에 지치면 이윽고 자연물을 가지고 자기 의지대로 무언가를 하기 시작한다. 땅을 후벼 판다든지 돌멩이를 쌓는다든지 소위 자기 주도적 삶의 원형을 찾아 나서는 것이다. 벌레한테 물릴까, 엎어질까, 놀랄까 너무 노심초사하지 않아도 된다. 멀찍이서 안전만 관리해 주자. 몸이 아닌 마음이 자연 가까이 가야 비로소 자연을 체험하기 시작한다.

꼭 산과 들이 아니라도 좋다. 주변에 있는 풀 한 포기, 나무 한 그루에서도 새 잎이 나오는 모습, 소나기가 오면 벌레들이 나무 밑이나 어디로 숨어 들어가는 모습, 소나기가 그친 후 주변 나무에 이슬이 방울방울 매달린 모습들을 볼 수 있다.

아파트라면 지상층에서 지하층으로 내려가는 계단 한구석의 어두컴컴하고 습한 냄새가 나는 곳에 거미줄이 쳐져 있기도 하다. 여름에 종일 울어대는 매미도 똑같은 줄 아는 사람이 많은데 알고 보면 아침에는 참매미, 한낮에는 말매미, 오후에는 쓰름매미가 주로 우는 것이다.

이처럼 도심에서도 자연을 느낄 수 있는 것은 얼마든지 있다. 그것들이 순리대로 변하고 살아가는 모습을 짚어 주고 관찰하고 느끼게 해 주면 그 과정에서 아이들은 누가 가르쳐 주지 않아도 저절로 깨달아 가는 것이 많다. 이런 경험이 아이들의 감성을 자극하고, 풍성해진 감성이 사물을 이해하는 지력의 근본이 된다.

도시 아이들이 시골 아이들보다 물리적으로 자연과 떨어져 있지만 떨어진 거리에 비례해서 감성이 메마를 것이라고 단정 짓지는 말자. 아이를 자연으로 데려가는 것도 좋지만 먼저 집 주변의 자연을 바라보게 하고 일깨워 주는 것부터가 자연 체험이다. 결국 아이들을 자극하고 지적인 능력을 키워 주는 것이 교구라는 견해에서 보면 이 세상에 교구 아닌 것이 없을 정도이다.

자연 체험과 관련한 일화를 하나 소개하겠다.

몇 년 전에 아이들을 데리고 강원도의 어느 시골 마을 옆을 흐르는 개울가로 캠프를 갔다. 서울서 정선까지 캠프를 간다고 한껏 기대에 부풀어서 온 아이들은 실망을 넘어 당혹감을 감추지 않았다. 멋진 숙소가 잔디밭 너머에 자리하고 잘 설계된 수영장까지는 아니더라도 봇도랑 같은 개울만 달랑 있는 이곳에서 무슨 캠프를 할 수 있는지를 눈으로 물었다. 좀 큰 아이들은 속은 게 아닐까 하는 의심의 눈빛도 보냈다.

아이들에게 물어보았다.

"이곳이 멋지게 보이니?"

이구동성으로 대답했다.

"아니요! 여기가 끝인가요?"

"여기가 끝이야. 더 갈 데가 없어. 그러니 여기서 놀아."

처음에는 어쩔 줄 몰라 하던 아이들이 시간이 조금 지나자 뭔가를 하기 시작했다. 막상 물속에 들어가 보니 물고기도 있고 다슬기도 있어 뭔가 구미가 당기나 보았다. 아이들은 탈의실이나 수영복도 필요 없이 짧은 바지에 셔츠만 있으면 물놀이가 되는 것만으로도 자유를 맛보았다.

엉거주춤하던 아이들이 물속에 다 들어가자 즉각 물놀이 기구가 탄생하기 시작했다. 서울에서부터 들고 왔던 플라스틱 물병은 물총이 되었다. 아이들은 담아도 담아도 끝없이 흘러오는 개울물에서 해방감을 느꼈는지 점점 놀이에 빠져들었다. 팀을 나누고 기다란 나무 막대기를 구해 와서는 줄기에 붙은 이파리를 툭툭 털어 내더니 좁은 개울에 걸쳐서 네트로 사용했다.

그러고는 물병을 공 삼아 던져서 못 받으면 실점으로 계산하면서 게임을 했다. 누구도 간섭하지 않고, 소리를 크게 질러도 제재가 없는 자연은 아이들의 모든 에너지를 한없이 받아 주기만 할 뿐이었다. 오히려 아이들의 들끓는 에너지가 부족할 지경이었다.

이번에는 좀 넓은 곳을 찾더니 물수제비를 뜨기 시작했다. 끝없이 널려 있는 돌멩이며 아무리 던져도 누가 뭐라 하지 않는 상황은 그동안 조심하고 규칙에 맞춰 살던 아이들에게 생수같이 시원한 해방감을 주는 것 같았다.

그쯤에 이르자 아이들은 완전한 자의식을 가지고 자연의 모든 것을 활용하기 시작했다. 얕은 물에서는 바닥을 파내서 더 깊은 웅덩이를 만들고, 반반한 돌들만 모아서 방이며 거실을 꾸미고 꺾은 나뭇가지로 울타리를 만들어 그럴싸한 집도 지었다.

그렇게 몰두하여 무엇을 해도 괜찮은 완전한 자유가 주어지자 아이들의 창의성은 폭발하기 시작했다. 자연에서는 마음껏 떠들고 깔깔거리고 무한정으로 제공되는 재료로 시도해 보고 싶은 모든 것을 해 볼 수 있다. 이것이 교구가 아니고 무엇이란 말인가. 교구는 아이들을 변화시킬 수 있는 재료이지 더도 덜도 아니다.

그러나 불행하게도 딱 한 명의 아이는 이런 경험을 해 보지 않고 조그만 벌레 때문에, 풀잎에 살짝 베인 생채기 때문에 힘들어하며 교사에게 칭얼댔다. 자연에서 노는 일도 연습이 되지 않아 힘이 드나 보았다.

6) 학습에 도움이 되면 뭐든 교구이다

교구는 진열되어 있거나 담겨 있는 것이 아니라 어떤 식으로라도 학습에 도움이 되는 것들을 말한다. 의외로 수학 교구는 복잡할 필요가 없다. 왜냐하면 사고할 수 있는 모티브만 제공하면 그다음은 간단한 그림이나 선분도, 수형도 정도면 기본 개념을 익힐 수 있고, 한 단계 더 나아가 논리나 사고로 해결할 수 있는 것이 너무나 많기 때문이다.

사고가 발달하면 아이들은 오히려 이런저런 말이나 교구를 성가셔 하고 오직 기호와 수식으로만 사고하기를 좋아한다. 그것이 가장 간결하고 분명하기 때문이다. 교구는 언어만으로도 수학적 사고가 일어나 나중에 수식으로 갈 때까지의 징검다리이지 교구 자체가 교육의 목적을 갖지는 않는다.

7) 교구는 폐기도 쉬워야 한다

한 엄마가 엄청 비싼 교구를 샀다. 가짓수가 얼마나 많은지 주제별로 쓰임이 다른 알갱이를 칸칸이 담아 보관했다. 잘못해서 교구 상자가 흔들리면 알갱이들이 섞여서 아주 조심해야 했다. 고액이라 아이가 다 크고 나면 중고로 되팔 수도 있어서 교구를 사용할 때마다 정신을 바짝 차려야 했다. 한 가지라도 빠트리면 안 돼서 꼭 필요한 것이 아니라면 아예 꺼내지도 않았다.

그런데 이 정도라면 이건 교구가 아니라 상전이나 애물단지가 아닌가. 교구에 대한 관점을 정립하면 교구를 구하기도, 만들기도, 폐기하기도 쉬워질 것이다. 엄마가 아무거나 쓱쓱 잘라서 쓰고, 별것 아닌 것 같은 것도 모아 놨다가 공부할 때 이용하는 것을 보고 자라는 아이는 뭐든지 활용하면 된다는 도전성과 창의성이 길러지게 된다. 흔한 우유곽이나 하다못해 유부초밥 포장지에도 g, mL, %, 사용기한 등이 나와 있다. 즉석요리 포장지에는 몇 분, 몇 컵도 나와 있으니 수학 지도 자료로 활용하면 좋다.

8) 무형의 교구 사용하기

교육 자료의 한 부분이 교구이니 꼭 물리적으로 존재하지 않아도 교육에 유용하다면 무형의 자료도 교구라고 볼 수 있다. 이런 견해에서 아무런 교구가 없어도 즉석에서 해 볼 수 있는 수학 놀이를 소개한다.

1, 2학년 아이들과 할 수 있는 놀이

100부터 2씩 뺀 수를 말하게 한다. 둥글게 앉아 순서대로 말하기 때문에 자기 순서가 아니라도 자동으로 머리 셈을 하게 된다. 이상하게 남이 대답해야 할 부분은 더 또렷하게 계산하는 아이가 많다. 빼는 수의 크기를 조절할 수 있어 의외로 요긴한 교구가 된다. 출발하는 수를 300, 400 등으로 키울 수도 있다. 아이들의 수준에 맞추어 아무 준비 없이 바로 할 수 있다.

3, 4학년 아이들과 할 수 있는 놀이

교사가 말하는 수의 3배에 5 작은 수를 말하게 한다. 만약 교사가 20이라고 말하면 20×3−5=55라는 계산을 머리 셈으로 말하는 놀이이다. 아이들이 둥글게 앉았다면 3배에 더하는 수는 1명씩 지나갈 때마다 +1씩 커지게 하면 엄청난 집중력과 계산력을 동시에 얻을 수 있다. 혼자서 하는 것이 아니므로 망신당하기 싫어서 열심히 하고, 여러 사람 앞에서 맞혔을 때의 짜릿한 성취감은 수학에 대한 매력을 느낄 수 있는 좋은 기회가 된다.

5, 6학년들과 할 수 있는 놀이

암산으로 분수와 소수의 답을 말하게 한다. 물론 답이 간결하게 나오도록 수학 구조를 염두에 두어야 한다.

어렵게 여길 수 있는 분수도 몫을 찾아내는 놀이 소재로 충분히 활용할 수 있다. $\frac{15}{173} \div \frac{3}{173}$ 을 해 보자. 몫은 5이다. 15÷3으로 단순화하여 해결할 수 있다.

÷가 연속 빼기임을 적나라하게 보여 주는 일을 놀이로 구성하는 것이다. 분수가 나왔다고 해서 무조건 통분, 약분을 할 일이 아니라 분수의 나누기조차도 연속 뺄셈으로 직관적이고 논리적으로 파악할 수 있다. 그래야 나중에 분수의 나눗셈은 역수의 곱으로 해결하는 기능에만 머물지 않게 된다.

소수도 같은 이치로 다음과 같다.

1 ÷ 0.1 = 10

1 ÷ 0.01 = 100

1 ÷ 0.001 = 1000

0.1 ÷ 0.1 = 1

0.1 ÷ 0.01 = 10

0.1 ÷ 0.001 = 100

소수 계산을 기능으로만 익힌 아이들은 자릿수가 많은 소수의 계산에서 답이 자연수가 나오는 경우를 신선하게 받아들이고 나눗셈을 새롭게 바라본다.

2. 문제집을 잘 활용하는 법

문제 하나하나도 중요하지만, 그보다 더 중요한 것은 문제의 연계와 계통성이다. 앞 문제를 풀 때 일어난 아이디어와 사고가 다음 문제에서 심화되거나 발전 또는 확장되도록 서로 연계되는 것이 좋다.

예를 들어 유형별 문제는 개념에 따라 4~10문항이 묶여 있는 것이 좋다. 결이 다른 문제들이 들쑥날쑥 나오면 아이는 푸느라고 고생만 하고 시너지 효과를 얻기 어렵다. 사실 수학은 단계만 적절하게 밟아 주면 문제의 양으로 승부하지 않아도 된다. 문제의 양이 너무 많은 것도, 문제가 너무 어려운 것도 아이들에게는 좌절감을 주기 쉽다.

아이의 실력을 먼저 알고 욕심내지 않는다면 문제집으로 충분히 효과를 볼 수 있다. 일단 기본기를 충분히 다진 후 적절한 심화 문제에 도전하는 것이 좋다.

적절한 문제집을 추천해 달라는 학부모들의 요청이 많다. 시중에 나와 있는 수많은 문제집 중에서 추천할 만한 몇 가지를 소개한다.

핀란드 수학 교과서(솔빛길)

기본 연산과 제 학년 교과 및 기초 사고력 훈련에 적합한 교재이다. 전 학년에서 꾸준히 숙제로 사용하면 좋다. 양은 많지만 계통과 내용이 훌륭하다. 단순 연산이 아니라 다양한 방법으로 연산을 훈련하고 다각적인 사고를 요하는 문제를 다루고 있다. 중학교용도 잘 나와 있다.

디딤돌 초등수학 기본+응용 혹은 응용(디딤돌교육)

제 학년 교과를 학교 진도별로 연습하기에 좋다. 학교의 단원평가 준비와 제 학년 기본 개념 익히기에 적당하다.

최상위 초등수학(디딤돌교육)

응용의 심화 유형을 본인의 실력으로 무리 없이 마치고, 실력을 좀 더 올리고 싶다면 심화 학습용으로 적당하다. 너무 어려운 문제는 풀지 않아도 좋으나 마지막 단원까지 마치는 경험이 중요하다. 쉬운 문제를 골라 끝까지 마친 후에 다시 처음으로 돌아와 어려웠던 문제를 도전한다.

점프 왕수학 최상위(에듀왕)

디딤돌 최상위를 80% 이상 스스로 소화했다면 도전해 볼 만한 심화 교재이다.

꼭 알아야 할 수학 문장제(에듀왕)

동메달부터 금메달까지 적절한 난이도를 나누어 도전할 수 있게끔 구성되어 있고, 나름 유형별로 문제가 나와 있다. 문제의 양이 많지 않아 좀 아쉽지만 학년을 정리하는 문제집으로 좋다.

문제해결의 길잡이(미래엔)

모든 문제가 문장으로 이루어진 문제집이다. 제 학년에는 원리가 적당하고, 심화는 제 학년은 소화하기 어려우니 한두 학년 낮추어 접근하는 것이 적당하다. 식 쓰기 연습을 하기에 좋은 교재이다.

기억에 남는 사례들

1. 부모의 가스라이팅

수학을 꽤 잘한다는 3학년 아이가 왔다. 착실하고 이해력도 높은 데다 부모도 열성이어서 2년 정도 진도가 앞서 있었다. 그러니까 5학년 2학기까지 진도가 나갔다고 했다. 공부 폭이 학교 진도에만 맞춰 있어서 좀 더 다양한 문제를 풀어 보게 하려고 자기 학년에 맞는 다양한 문제를 숙제로 내어 줬더니 숙제를 해 오지 않았다.

그럴 아이가 아닌데 이해가 가지 않았다. 이유를 들어 보니, 힘들게 5학년까지 진도가 나갔는데 다시 3학년 문제를 푸는 것은 시간 낭비라는 부모의 믿음 때문이었다. 아이는 약간 쉬운 듯하지만 다양한 문제를 푸는 과정에서 복습 효과와 확장된 개념을 알아 가는 것 같았는데 부모의 주도에 길들여져 있어서인지 그 문제집을 풀겠다고 우기지는 못했다.

2. 아이가 나처럼 되지 않기를

학교 다닐 때 얼마나 수학을 못했는지 지금도 악몽으로 수학 시험을 치는 꿈을 꾼다는 엄마가 있었다. 너무 열심히 학습지를 풀었고 자기에게 쏟아 부은 수학 과외비용을 모아 결혼자금으로 주었으면 더 좋았을 거라고 했다. 그래서 자기 아들에겐 자기가 했던 과정은 절대로 안 시킨다고 했다.

그렇지만 자기처럼 반복해서 학습지를 시키지 않고 이치를 따지느라 아이의 진도가 다른 친구들보다 늦는 것은 참기 힘들어했다. 자기 아이만 뒤처지는 게 아닌가 싶다며 자식 입장과 부모의 입장이 그렇게 다르다는 것을 알았다고 했다. 그러면서도 자기처럼은 안 한다고 했다. 어쩌란 말인가.

3. 유전자에 대한 불안

아빠 집안의 학력이 엄청 좋은 아이가 있었다. 아이는 공부를 곧잘 했지만 시험마다 100점은 못 맞았다. 아마 그 집 아빠도 그렇게까지 잘하지는 못했을 텐데 아이 말에 의하면 아이가 하나씩 틀릴 때마다 엄마가 화를 내거나 불안증을 보이는 것 같았다. 공부를 못하는 책임이 자기에게 있다는 말을 듣게 될까 봐 매일 100점만 맞는 아이로 키우고 싶어 했다.

그런데 엄마가 그러면 그럴수록 아이는 더 못하기 쉽다. 아이도 엄마의 불안을 느껴 수학 문제를 풀 때마다 스트레스를 받고 작은 실수에도 지나치게 애통해했다. 그 아이의 엄마가 말했다.

"속은 상하는데 본인이 먼저 시험지를 찢고 울고불고하는 바람에 제대로 야단도 못 쳐 봤어요."

아이가 왜 그러는지 한 번 생각해 볼 일이다.

4. 그때 다리를 걸어서라도 붙들고 가르쳤더라면

중학교 3학년생을 여름방학에 처음 만났다. 아이는 수학 점수가 낮은 건 아닌데 수학 자신감이 낮았다. 아이가 말하길, 공식을 외워서 점수는 나오는데 확실히 아는 것 같지 않고 '그렇게 알아 두는' 사람이라고 했다. 문제는 오히려 간단했다. 수학 언어인 기호를 자기 머릿속에 형상화하는 작업과 문장제를 도식화하는 연습만 해도 학년과 나이가 있어서 쉽게 기초를 다질 수 있을 것 같았다.

그래서 소위 초등 3학년 최상위 문제부터 훑어 나가기로 했다. 그런데 처음에는 그러자고 했는데 결국에는 "자기 친구들은 고등학교 것을 하는데 참기가 어렵다." 고 하며 그만두고 말았다. 나중에 그 아이의 엄마가 "그때 다리를 걸어 넘어뜨려 놓고서라도 가르쳤어야 했다."고 말했다.

지금 생각해도 아쉬운 것은 그때 초등 3학년 것부터 시작해도 몇 달 안에 중학 교 과정까지 갈 수 있다는 확신을 주지 못하고 바닥부터 다져야 한다는 원론만 강 조한 나 자신이다. 그 말을 들은 아이는 얼마나 까마득했을까! 지금도 그런 중학생 이 없지 않으나 여전히 마음이 바쁘고, 혹시 다른 비법이 없나 고민하면서 초등 과 정을 확실하게 다지지 못하는 경우가 많다.

5. 오직 말만으로도 개념을 가르칠 수 있다

지진아 판정을 받은 아이를 가르친 적이 있다. 엄마는 아이의 지능 발달에 목숨 을 건 것 같았다. 2학년인데 제 학년 것을 푼다고 하며, 아이가 푼 제일 쉬운 문제 집을 보여 주었다. 흔적을 봐서는 여느 아이들 것과 다름이 없었으나 질문해 보니 머릿속에는 간단한 연산도 선명하지가 않았다.

당장 종이와 연필을 치우고 출입문에서 책상까지 여섯 걸음만에 오기부터 한 뒤 한 걸음 더 많게, 두 걸음 더 많게, 또는 더 적게 등으로 수를 바꾸어 가며 활동하고 그것을 졸라맨 그림으로 나타내고 나중에 숫자로 바꾸었다. 그랬더니 그제야 자기 가 푼 문제를 이해했다. 아이 엄마는 종이와 연필을 내려놓고 말로만 시작하는 것을 보고 불안해하더니 나중에 "마술을 보는 것 같아요."라고 했다. 아이들에게는 사고력 마술을 걸면 먹힌다.

6. 노동에 가까운 노력도 필요하다

노동이라는 어휘가 수학 교육에 적절치 않아 보여도 기초를 닦는 데는 꼭 필요한 요소이다.

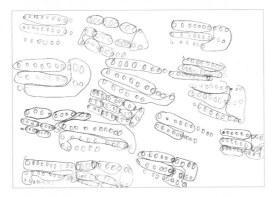

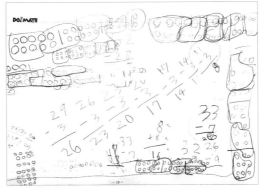

노동에 가까운 노력의 흔적

수학 실력이 없어 보이는 아이가 왔다. 2학년인데 정말이지 그동안 뭘 했나 싶도록 아는 게 없었다. 간단한 연산도 맞혔다 틀렸다 하면서 무엇 하나 개념이 잡혀 있는 게 없었다. 겨우 두 자리 + 두 자리 정도만 하는 데 그것도 불안하기 짝이 없었다. 이런 아이는 가르치면 안 된다. 가르치지 말고 일단 '하게 하는' 것이 답이다. 방법을 자세히 가르칠수록 모를 확률은 더 높아진다. 차라리 옆 페이지 사진같이 손으로 직접 일일이 하게 하는 것이 좋다.

　　이런 아이는 시작할 때는 늦는 것 같아도 나중에 학습량이 임계점을 넘으면 놀랍게 잘한다. 좀 잘하는 듯해서 얼기설기 진도를 나간 아이들보다 학년이 올라갈수록 탄탄해지고 급기야는 가속도까지 붙는다. 그렇더라도 지금 당장 언제 그걸 다 그리고 있느냐는 조바심이 생기는가? 아이들은 처음에만 서툴지 한 번 잘하기 시작하면 그 적응 속도는 정말 놀랍다.

　　공든 탑은 무너지지 않는다. 아주 못하는 아이는 아이의 상태가 잘 보이다 보니 해결 방법을 찾으면 어떤 식으로든 성공하는데, 적당히 잘한다고 믿는 아이들은 부모도 아이도 방심하는 사이에 상위 그룹으로 뛰어오르지 못하는 처지가 되기 쉽다. 그 이유는 다양하다. 정작 아이는 제대로 하고 있는데 부모가 마음이 급해서 진득하게 못 버티는 경우도 있다. 아이가 곧잘 하니까 조금만 더 당기면 바로 될 것 같아서 여기저기 기웃거리다가 놓치는 것이다.

　　차선을 많이 바꾸는 차가 나중에 보면 같은 신호등 앞에 서 있는 격이랄까. 단정적으로 말하면 수능 1등급은 아니더라도 2등급은 너끈히 할 아이들이 4~6등급에서 허우적거릴 수 있다는 말이다. 그 돈과 그 시간과 그 노력으로 겨우 그런다고 생각하면 정말 안타까운 일이다.

7. 생각하는 기쁨을 맛보게 한다

초등 1학년 아이가 왔다. 얼마나 예쁘고 단정한지 한눈에도 엄마의 정성이 가득해 보였다. 그런데 아이는 인형처럼 표정이 없었다. 엄마가 아이를 너무 챙긴 나머지 매사를 해결해 주는 바람에 스스로 생각할 기회를 빼앗겼을 거라는 생각이 들었다. 이상하게도 사고가 활발하지 않은 아이들은 표정도 단조롭다.

사고가 활발하지 않은 아이들은 일단 수학을 좋아하기가 어렵다. 생활의 경험이 문자나 기호 또는 수식으로 나타나는 과정 자체가 수학인데 엄마가 모든 시중을 다 들어주는 바람에 공부 기회를 박탈당한 셈인지 아주 간단한 계산 외에는 어려워한다. 더구나 문장이 길면 어쩔 줄 모른다. 문장이 상황 설정인데 그게 머리에 안 떠오르니 수학은 어렵기만 한 과목이 되는 것이다.

생활이 공부인데 종이와 연필로 하는 공부 외에는 엄마가 다 해 줄 테니 너는 오직 공부만 하라는 식이어서 진짜 좋은 공부는 엄마가 혼자 다 하고 찌꺼기 공부만 아이에게 시키는 셈이 돼 버린다.

아이들이 "수학이 싫다."라고 하는 것은 머릿속에 수학 기호가 해석이 안 된다는 말이다. 그렇다면 바로 기호 해석력을 길러 주는 방법으로 바꾸어야 한다. 그래서 그 아이에게 문제를 풀 때 문제의 뜻을 자기가 잘할 수 있는 말이나 그림으로 나타내 보게 했다. 숫자와 기호에 주눅 든 아이들도 그림은 그릴 수 있다. 그렇게 그림으로 문제를 분석한 후 그 그림을 기호로 나타내는 훈련을 시켰더니 그렇게 부담스러웠던 문제가 실은 그림이었다는 사실을 신기해했다.

아이들은 공부를 할 때 지난번에 몰랐던 것을 조금이라도 깨닫게 되면 아주 좋아한다. 너무 작은 변화라서 뭐라고 말하기조차 어려우나 그런 사소한 것에서 혼자 누릴 수 있는 기쁨이 생기면 마음이 열린다.

공주같이 예쁜 이 아이는 얼마 지나지 않아 문제를 읽는 즉시 문제 구조가 도식화되고 바로 기호로 변환되어 문제를 푼 흔적이 경쾌하고 수식으로 잘 정리가 되었다. 생각하는 일이 의외로 재미있음을 알고 좋아했다. 그래서인지 표정도 훨씬 다양하고 즐거워졌다.

8. 효자 종목을 길러야 한다

모든 면에서 이해력이 좀 떨어지는 1학년 아이가 있었다. 부모는 애가 타서 아이를 데리고 학원 순례를 했다. 수학 시간을 늘리자니 피아노 다닐 시간이 안 나왔다. 아이의 정서를 위해 피아노도 어느 정도는 쳐야 하고, 체력을 위해 태권도도 다녀야 하고, 축구도 좋아하니 어쩌면 좋으냐고 울상이었다.

나도 울고 싶어졌다. 이상하게도 사고력 수학을 통해 지력을 기르면 집중력과 인내심이 길러지면서 수행 능력도 올라가는 경우를 많이 보아 왔기에 "효자 종목을 기르세요."라고 말해 주었다. 회사 경영도 문어발식으로 하면 어려운 경우가 많듯이 학습도 여러 가지를 다 하려다가는 어느 것 하나 제대로 익히지 못한다. 효자 종목으로 일단 내적 지력을 기르고 난 다음에 다른 과목으로 확장하는 것이 좋다.

그런 의미에서 수학은 그냥 공식대로 또는 누가 가르쳐 주는 대로 풀지 않고, 아무리 어려워도 자기 생각으로 문제를 푸는 힘을 길러 그 힘으로 다른 과목도 잘하는 힘을 기르기에 좋은 과목이다.

어떤 아이라도
수학을 잘하게 할 수 있다

참 오래전 이야기이다. 여름 무더위가 한창이던 어느 날, 초등 2학년 아이들을 지도하고 있었는데 하늘에 먹장구름이 짙게 깔리더니 우르릉 천둥소리가 나고 소나기가 퍼붓기 시작했다. 얼마나 세차게 내리는지 열린 창문으로 빗물이 들이치고 창틀에도 금방 물이 흥건했다. 이 장면을 물끄러미 보던 한 아이가 내게 물었다.

"선생님, 저기 보세요. 구름은 저렇게 시커먼데 이 창틀에 떨어진 물은 왜 이렇게 맑을까요?"

난감한 질문에 순간 멈칫했다. 잠시 후 나는 A4용지 여러 장을 들고 책상 위에 올라섰다. 그러고서는 종이 1장을 전깃불에 비추고 아이에게 "밝니?"라고 물어보았다. 그랬더니 아이가 "밝다."고 대답했다. 2장을 대고, 3장을 대고, 점점 많이 대자 밝은 빛은 점점 사라지고 짙은 그늘이 생겼다.

그러자 이를 쳐다보던 아이가 흡족한 웃음으로 이제 그만 내려와도 좋다는 표정을 지었다. 그러고는 그새 한층 옅어진 구름을 하염없이 바라보았다. 지금도 내게는 구름을 바라보던 그 아이의 실루엣이 사고력의 상징같이 남아 있다.

나는 이런 우주 같은 아이들을 날마다 만난다. 아이들을 만날 때마다 아이들의 무한한 상상력에 놀라고, 그런 가능성에 비해 너무도 조잡한 상태로 우리 앞에 존재하고 있음에 또 놀란다. 그러나 아무래도 좋다. 어른이 이 사실을 알고 있으면 어떤 아이라도 수학을 잘하게 할 수 있다는 사실이 중요하지 않은가. 사고력이란 마법 같은 방법만 알면 가능하니까.

그동안 '사고'의 효과를 믿는 사람은 많지 않았다. 하지만 없지는 않았기에 두매쓰가 존재할 수 있었다. 이 책은 그동안 믿어 주신 분들께 드리는 감사의 고백인 셈이다.